“The People, Ideas and History that Shaped PR's First 100 Years.”

アイビー・リー
Ivy Lee

―世界初の広報・PR業務―

河西　仁 著

同友館

はじめに

プレスリリース、記者会見、クリッピング、メディアリスト。現代では一般的な広報手段であり、広報業務に携わる人たちは当たり前のように活用している。実は、これらはいずれも、20世紀初頭に米国で活躍した広報エージェントのアイビー・リーが、１００年以上前に初めて広報手法として発案もしくは実用化したものである。

リーが活躍した20世紀初頭から１９３０年代までのアメリカは、急速な工業化により経済市場が発展し、移民が大量流入した。また、、新聞メディアが普及するなど、大企業の経営者や連邦政府指導者を取り巻く環境は大きく変わった。特に、企業経営者は顧客や従業員など、一般大衆との双方向コミュニケーションの重要性を痛感し、彼らとの良好な関係を築くために、パブリック・リレーションズ（広報）という新しいマネジメント手法と、それを実践できるパブリック・リレーションズのプロフェッショナルを求めていた。時代は、まさにパブリック・リレーションズという新しい業務や職種を必要としており、リーはジョン・D・ロックフェラーやチャールズ・シュワブなど、当時の著名な企業経営者たちの求めに応じて、彼らの広報顧問として活躍したのである。

リーは、広報の専門書や日本ＰＲ協会が認定するＰＲプランナー試験において、「パブリック・リレーションズのパイオニア」または「父」として紹介されているので、広報業務に携わる方は、彼の名前をご存知ではないだろうか。

米国ＰＲ協会（Public Relations Society of America：PRSA）が１９７０年に行った、20世紀における最も重要なパブリック・リレーションズの専門家を選ぶ投票では、リーが1位に選ばれている。このように、彼は20世紀を代表する広報エージェントのひとりとして、今でもパブリック・リレーションズのプロたちから評価され続けており、今日のパブリック・リレーションズの礎を築いたパイオニアなのである。

リーは、現代広報エージェントの概念形成に多大に貢献した人物であり、彼が１９０６年に発表した英文１２０ワードからなる『原則の宣言（Declaration of Principles）』は、現代アメリカにおける広報エージェントの概念の起源といわれている。しかし、その生涯や人物像は国内ではほとんど紹介されていない。

本書は、アイビー・リーの生涯や人物像を紹介しながら、『原則の宣言』作成の背景ならびに、リーの30年間に及ぶ広報エージェントとしてのキャリアの中から、代表的な事例（ケース）分析を通して、現代アメリカにおける広報エージェントの概念形成の過程を検証したものである。

執筆を通して、リーが当時直面していた広報エージェントとしての課題と、現代の広報エージェントが直面しているさまざまな課題には、時代を超えた共通課題が存在することに気づいた。リーが当時悩んでいだ課題の中には、今でも有効な解決策が見出せないものがある。筆者は、これらの課題に対する答えを見いだすべく、リーの事例をはじめ現代の事例調査、企業の広報責任者への聞き取りを通して、共通課題の解決を試みたものである。

◎目　次

序章　アイビー・リーの人物像
：牧師家庭から学生記者を経てジャーナリスト、広報エージェントへ

19世紀以降、20世紀にかけて活躍していた広報エージェントは、牧師の息子か、または、新聞記者から転進した者が多かった[1]。リーは「牧師の息子」で「元新聞記者」という、どちらの条件も兼ね備えていた。リーがプロ記者として活躍したのはわずか4年間だったが、急成長を続ける19世紀末のアメリカで、最も先進的な都市だったニューヨークで取材活動を行い、ウォール街に集まる企業家・経営者と交流することで、パブリック・リレーションズの将来性と可能性に気づき、広報エージェントに転進したのである。

リーはどのような家庭環境で育ち、新聞記者から広報エージェントに転身に至る過程で何をしていたのか。本章では、日本では断片的にしか紹介されていないリーの人物像を明らかにする。

生誕から大学卒業まで

アイビー・レドベター・リー（Ivy Ledbetter Lee、以下：リー）は、１８６５年に南北戦争が終結した12年後の１８７７年7月16日、父（ジェームズ・ワイドマン・リー）、母（エマ）の長男としてアメリカ南部ジョージア州シダータウン近郊で生まれた。リーには弟二人と妹二人がおり、生家は現地で綿花プランテーションや製粉所を経営していた。しかし、実家は南北戦争によって財産の大半を失ったほか、終戦後の火災で祖父を失っている。父ジェームズは、苦学してエモリー大学（Emory College）を卒業後、メソジスト教会の牧師となり、アトランタならびにセントルイスの教会で要職を務めた（１９１９年死去）。リーは、１９０１年にコーネリア・バートレット・ビガローと結婚して2男、１女をもうけ、１９３４年に脳腫瘍で57歳の生涯を終えている。

写真1. アイビー・リー
35歳ころのリー（筆者所蔵）

アトランタの自宅には、日ごろ

から父を慕って政治家や実業家、ジャーナリスト、宗教関係者が集まり、南北戦争後の「新しい南部（New South）」について議論していた。リーは、常連客の中でも地元紙『アトランタ・コンスチチューション』（Atlanta Constitution、現Atlanta Journal Constitution）紙の編集長ジョエル・チャンドラー・ハリス（Joel Chandler Harris）や編集者のヘンリー・グラディ（Henry Grady）と懇意になり、ジャーナリズムに関心を抱くようになった。また、牧師である父が、布教活動を通して信者や一般市民を説得する姿から強い影響を受けた。

リーが父の職業から受けた影響

新聞記者から広報エージェントに転進する前から、リーはパブリック・リレーションズ（ＰＲ）の基本であり最も重要な要素である「正直」、「正確」、「公平」、「オープン」そして「双方向コミュニケーション」の重要性を身近に感じ、その効果を信じていた。それは、先に述べたように父ジェームズがメソジスト教会の牧師として多くの信者に語りかけ、彼らに影響を与えていたからだ。たしかに、教会における説教や、布教に使う印刷物作成、奉仕活動を通して生まれる、信者や地域住民との連帯感や価値観の共有は、現代パブリック・リレーションズの実践手法に通じるものがある[2]。

ちなみに、キリスト教とパブリック・リレーションズの関係を説明する上で、プロパガンダは避けては通ることができない。なぜなら、プロパガンダとカトリック教会は密接な関係があるからだ。私たちが今日、プロパガンダと聞いて思い浮かべるのは、「政治的目的や、ものの見方を推し進めるために利用される情報。とりわけ、誤りがあったり、誤解を招くような性質を持つものをいう」（『オックスフォード英英辞典』、Propaganda）という意味である(3)。

しかし、プロパガンダとは本来、ローマ法王グレゴリウス十五世が海外布教を目的として1622年に設立した、枢機卿たちで構成された活動団体のことであり、「カトリック教団の伝道団体」を意味する。当初、「枢機卿の活動団体」として「教義や制度の普及を目指す」活動を行っていたが、その後「意見や方針、主張に対して、信者や地域住民、国民からの支持を得るために行う運動」に変化していった。さらに、「その運動によって広めようとしている内容やメッセージ」自体を指す用語となり、第一次・第二次世界大戦におけるプロパガンダの影響で、今ではプロパガンダ自体が否定的な言葉や行動を意味するようになったのである(4)。

学生記者からプロの新聞記者に

リーは高校卒業後、1884年にエモリー大学に進学し、ディベート活動に積極的に参加した。1886年にプリンストン大学に編入し、1898年同大学を卒業する。在学中

写真2. プリンストン大学時代のリー（前列右端）
ニューヨーク市立大学バルクカレッジ内「PR博物館」にて筆者撮影

は、大学新聞『デイリー・プリンストニアン（Daily Princetonian）』および『アルムニ・プリンストニアン（Alumni Princetonian）』の記者のほか、ニューヨークやフィラデルフィアなど東部の新聞各紙にレポートを送り、アソシエイテッド・プレス（AP通信）社から特派員として採用された。現地特派員としての最初のスクープ記事は、引退してプリンストンに戻っていたグローバー・クリーブランド（Grover Cleveland）元大統領の単独インタビューだった。なかでも、1898年に米西戦争で注目を集めた軍艦メイン号沈没を報道で知ったクリーブランド元大統領のコメントを紹介した記事が知られている。

1898年にプリンストン大学卒業後、リーはハーバード大学ロースクールに進学したが、学費が続かず最初の1学期で中退してしまった。その後、1899年1月にニューヨークに移り、『ニューヨーク・ジャーナル』紙に入社し、警察担当として記者のキャリアを始めた[5]。やがて、ニューヨーク市東部からテンダーロイン地区までの地域担当になり、さらにはドラマ、スポーツ、金融（ウォール・ストリート）まで幅広い分野の取材活動を通して、記者としての実績を重ねていった。

リーは瞬く間に取材テクニックを習得したが、特にインタビューが得意だった。たとえば、当時米国が米西戦争に勝利し、スペインから取得したフィリピンに従軍後、軍出身者初の大使となったウェズリー・メリット（Wesley Merritt）元陸軍大将の単独インタビュー記事は人気を博した。彼は、要人へのインタビュー記事の作成のコツをよくわきまえていた[6]。

リーは、新聞の発行部数が急増し、ジャーナリズムが大きく変わろうとしている中で、実際に記者として活動する傍ら、市民に大きな影響を与えていたマックレーカーたちが書いた記事を注意深く読み、記事の背景を調べていた。マックレーカーとは、政治家や政府役人をはじめ企業経営者の不正・腐敗を取材し、新聞や雑誌に皮肉を込めた暴露記事を書くジャーナリストのことで、元々は「肥やしをかき集める熊手」という意味であり、その名付け親はセオドア・ルーズベルト大統領だといわれている[7]。

当時の一般的な記者たちは、取材対象の企業から無料乗車券やサーカスの招待券をもらって記事を書くなど、倫理面で問題があった。しかし、リーは常に仕事に集中し、自分の仕事をするために、自身が担当する分野の情報収集のみならず、担当以外の分野や個人的に興味のあることがらをクリッピングしていたという。非常に勉強熱心だったリーには、数々のエピソードが残されている[8]。

リーは、取材対象に常に情熱を持って取材する記者であり、南部人としての控えめなプライドと、誰ともうちとける親しみやすいパーソナリティを兼ね備えていた。180センチを超える身長とブロンドの髪と青い目と、ゆっくりと話す南部なまりが、彼を他の記者から日立たせていたという。また、服装にもこだわり、同僚記者は何日も着続けたシャツとジャケットや汚れた帽子をかぶっていたのに対して、リーは取材時にスーツ・ネクタイに帽子をトレードマークにしていた。

リーは『ニューヨーク・ジャーナル』紙から『ニューヨーク・タイムズ』紙を経て、『ニューヨーク・ワールド』紙に移籍した。ここで金融担当としてウォール・ストリートの取材生活を始めた。これが大きな転換期となり、金融街に集まる大企業の経営者たちに特に関心を持ち、彼らに積極的に会って取材し記事を書いていた。しかし、1902年に『ニューヨーク・ワールド』紙を辞め、フリーランス・ジャーナリストとして生きていく決心をした。

リーが新聞記者を辞めてフリー・ジャーナリストに転身したのは、実は『ニューヨーク・ジャーナル』紙での初任給がわずか週給12ドルで、その後新聞社を移りながらも、その報酬に不満を抱いていたことが影響したと考えられる(9)。

記者から広報エージェントに転身

『ワールド』紙を退社後、リーは1902年にフリーランスとしての初の原稿「銀行を救う（Saving Banks）」を執筆した。彼は、現代社会における銀行の必要性と、自由の国アメリカで労働者が自由に預貯金することの重要性を訴えた。貧しい人たちが自身のために預貯金することは、良き市民にとって重要なことだと書いたのである(10)。

ニューヨークの銀行団がこの原稿に目を留め、リーは彼らとコンサルタント契約を結んだ。彼らは、ニューヨーク～ポートチェスター～ボストン間に鉄道を建設するために、敷設予定地の所有権購入をしようとしていたが、所有者との買収交渉に苦労しており、リーに支援を求めた。リーは敷設予定地に出かけ、地元の影響力を持つ市民に直接会い、銀行団の誠実さや信用を説明し、鉄道がコミュニティにとって有用であると説得した。その結果、地元の見解が変わり、投資家たちは土地を購入することができた(11)。

その後、リーは1903年にはセス・ロー（Seth Low）のニューヨーク市長選挙戦の選挙対策本部で、１９０４年には大統領選挙戦の民主党全国委員会で、それぞれ広報の仕事を得た。そのとき一緒に仕事をした広報エージェントのジョージ・パーカーと１９０４年に「パーカー&リー」社を共同で設立した後、１９３４年に亡くなるまで30年間にわたり広報エージェントの道を歩んだのである[12]。この間、ロンドンに2年間駐在してクライアントのヨーロッパ市場開拓を支援したほか、鉄道会社の広報担当役員に招聘されるなど、エージェントとクライアントの両面から広報業務に係わった。

１９１４年にコロラド州の炭鉱で発生した、いわゆる「ラドローの虐殺」事件を含む炭鉱ストライキ収拾のために、リーが手掛けた広報活動は、危機管理広報の原点として、有名な事例である。炭鉱経営会社の筆頭株主だったジョン・D・ロックフェラー（John D. Rockefeller Jr.）に広報代理人として雇われたとき、リーは「大衆は遅かれ早かれ知ることになるから、真実を語れ」と助言したのである。当時、ロックフェラーに物言う者がいなかった中で、正論を物怖じせずに述べたリーに感銘したロックフェラーは、ストライキ収拾後、リーを個人スタッフとして招き、ロックフェラー家の広報活動を任せている[13]。

１９１６年以降、リー・ルイス・アンド・リー社、リー・アンド・アソシエイツ社、リー・アンド・ＴＪロス社とＰＲ会社を設立しながら、リーは企業広報・製品広報をはじめ、第一次世界大戦中の赤十字募金活動や公共事業、業界団体、銀行シンジケートの国際融資団などの広報活動を行った。１９１０年～２０年代のアメリカで、最も高給取りの広報エージェントとして、リーはキャリアの絶頂期にいた。

1933年、ドイツ企業のI・G・ファルベン社の米国内広報業務を通して、ナチス党首のアドルフ・ヒトラーと面会し、彼にカルテルを助言するなど、ナチス・ドイツ政権への関与ともとれるコンサルティング活動を行った。このため彼は、一連の活動について、米下院非米活動委員会（HUAC）から調査・証人喚問を受けたのである。調査では「問題なし」と結論づけられたが、1934年夏に『ニューヨーク・タイムズ』紙がHUACの調査報告書を入手し、リーがナチスの広報エージェントだった、とのセンセーショナルな記事を一面に掲載し、リーは苦境に陥った[14]。クライアントの代弁者として、効果的なコミュニケーション活動を通して彼らの危機を救ってきたリーだったが、自身に掛けられた嫌疑に対する説明や反論を充分行わないまま脳腫瘍が悪化し、その年の10月に亡くなったのである。

リーの広報実績と広報手法の特徴：従来の広報エージェントとの違い

リー以前にもアメリカには広報エージェントが活動していた。しかし、19世紀の広報エージェントたちは、新聞への記事掲載（パブリシティ）を目的として活動しており、自らをパブリシスト（Publicist）と称していた。一方、リーは新聞記事掲載も目的としながら、新聞以外の新しい印刷メディアの開発や、それらを組み合わせた統合型のコミュニケーション・システムを実践し、企業経営者に対するメディア・トレーニングも実践していた点で革新的だった。リー以前の広報エージェントと、リーの行動哲学や手法の違いを比較検証する前に、リーが手掛けた、主要な広報実績を整理する。彼の主な実績は、表のとおりである（表1）[15]。その内訳は企業広報と製品・サービス広報に大別でき、業務内容と目的の観点では危機管理（クライシス・マネジメント）、プロモーション（認知・知名度向上、販売、寄付）、ロビイング（ロビー活動）、社内広報（従業員）、パブリック・アフェア及び選挙などに分類される。年代別にみると、1905〜1915年の10年間に、彼の代表的な実績が集中している。これらは、第2章以降で詳しく検証する。

マスメディアの活用と自社メディアの開発

リーが最も活用したメディアは新聞である。これは、新聞が20世紀初頭のアメリカ国内で約2000紙が発行されるまで急成長した、当時最大のマスメディアだったからである。ニューヨークでは、1部1セントで販売される日刊大衆紙が何十万部も販売されていた。ちなみに、アメリカでのラジオ商業放送（ピッツバーグのKDKA）開始は1920年、テレビ放送は1941年である[16]。

その新聞の主な読者になったのは、急速な工業化や都市部への人口集中によって新しく誕生した、中産階級である。彼らは、リーのクライアントの主要なステークホルダー（利

表1　「アイビー・リーの主要広報エージェント事例分類
（1902年から1934年）」（筆者作成）

年代	製品広報/団体広報	企業広報（危機管理）
1900	鉄道用地買収広報 アメリカ石油協会 無煙炭経営者会議	「無煙炭」炭鉱ストライキ広報 ペンシルヴァニア鉄道事故広報
1910	綿織物協会 伸銅技術者協会 キューバ砂糖社 ゼネラル・ミルズ社 アーマー＆カンパニー社 USスチール社 太平洋旅行者会議	ペンシルヴァニア鉄道企業広報 コロラド炭鉱ストライキ広報 ロックフェラー家広報
1920	クライスラー社 アメリカン・タバコ社 ニューヨーク映画産業キャンペーン 米銀行団ヨーロッパ投資広報	ロックフェラー家広報
1930	独I.G.ファルベン社	
年代	対政府広報/グローバル広報	パブリック・アフェア他
1900		ニューヨーク市長選挙戦広報 民主党大統領選挙戦広報
1910	鉄道運賃値上げキャンペーン ニューヨーク地下鉄運賃値上げキャンペーン	パナマ運河視察
1920	イングリッシュ・スピーキング・ユニオン 太平洋問題調査会 アメリカ・ロシア商工会議所	赤十字募金活動広報 教会信者獲得広報 （ロックフェラー家関連）

害関係者）でもあり、彼らにメッセージを伝えるメディアとして新聞は重要だった。もちろん、リーが新聞記者としての経験から新聞記事の影響力を理解していたことも、新聞を重要視した大きな要因である。

また、リーはステークホルダーに対して直接かつ効果的にメッセージを伝えるために、新聞だけでなく、広報誌やパンフレット、ポスターといった独自の印刷メディアを開発し、同じメッセージを複数のチャネルを活用しながら届けようとした。また、これらの印刷メディアは新聞記者だけでなく、クライアント企業の従業員や家族にも届けられた。

これは、現代の統合型マーケティング・コミュニケーション（Integrated Marketing Communications：IMC）の手法とほぼ同じであり、リーはこのアイディアを先取りしていたと考えられる。その一方で、リーは広告をほとんど活用せず、現代でいうところのオウンド（自社）メディアにこだわった。

広報エージェントという職業に対する確信

リーがジャーナリストを目指して大学卒業後は新聞記者になり、後に広報エージェントに転進した過程において、父ジェームズの影響を受けているのは先に述べたとおりである。リーは、ジェームズが国内各地で行った説教によって、多くの信者が影響を受ける様子や、説教の講演録出版が多くの大衆に影響を与えることを実感していた。言葉や活字が人々の意識や行動に影響力があることを理解していたのである。

また、ジャーナリストとして多くの企業家や政治家を取材するうちに、大衆に対する情報発信の重要性を痛感していた。企業や経営者は、アメリカ連邦政府による反トラスト法の告発をはじめ、激しい労働争議や、マックレーカーによる批判記事への対応に追われ、大衆とのコミュニケーションの必要性を痛感していた。リーが新聞記者を辞めて広報エージェントに転身した20世紀初頭は、そうした需要が高まっていたときであった。

リーは、後に自身の仕事（広報エージェント）の役割を、「クライアントと大衆間の通訳者」、「クライアントと大衆間の調整者」と述べている。広報エージェントは、企業と大衆の間で情報を双方向に伝えると共に、相互理解を実現するために「双方向（ツー・ウェイ・ストリート）」コミュニケーションを実践するのが役目であり、リーはその広報エージェントという職務の将来性を、新聞記者時代から確信していたと考えられる。

第1章　20世紀初頭のアメリカの経済環境とメディア事情

本章では、最初にリーがジャーナリストから広報エージェントに転身し、この分野で第一人者として活躍していた、20世紀初頭のアメリカの状況を、経済・社会・労働及び政治・外交の観点から述べる。

次に、当時の中産階級を中心に発行部数を伸ばした新聞（大衆紙）と、マックレーカーの暴露記事で急成長した雑誌業界について、その人気度や大衆に与えた影響力について考察する。約4年間、新聞記者を務めたリーは、暴露記事やスキャンダル記事を掲載して急速に読者を増やしていった大衆紙やマックレーカーに、何を感じていたのだろうか。

第1節　変わりゆくアメリカ：大量生産・消費の時代と巨大資本の市場独占

19世紀後半以降のアメリカは、急速な工業化、鉄道網の延伸による国内市場の拡大や都市部への人口集中、さらには成功を夢見て世界中から押し寄せる移民の大量流入によって、社会の様相が大きく変わった。事業の成功によって誕生した大富豪と移民や農民などとの経済格差の拡大や、都市部の犯罪は深刻な問題となった。特に、資本家と労働者や農民たちとの対立が頻発するなど、社会状況は不安定だった[1]。

また、南北戦争以降、フロンティアが西海岸に達した後、アメリカは新しい市場開拓のために海外への膨張政策を始めた。米西戦争勝利後のフィリピン併合をはじめ、ハワイ併合、キューバ、パナマ、プエルトリコなど中南米への軍隊派遣によって、世界の列強に加わることとなる。さらに、第一次世界大戦後、ドイツを始めヨーロッパ諸国の債務を肩代わりするなどして、1917年に誕生したソ連共産主義国家に対抗する唯一の資本主義国家として、世界の政治経済の新しいリーダーになった。

アメリカ経済の発展

1865年の南北戦争の終結以降、アメリカは成長・拡大路線を続け、1880年代に世界に占める工業生産高でイギリスやドイツを抜き、世界一の工業国となった[2]。その成長・拡大を支えたのが鉄道である。1869年に大陸横断鉄道が開通し、1890年代末には国中に鉄道網が整備された。鉄道網の拡大は、国内物流の発展に貢献し、国内市場という大きな受け皿を作った。

鉄道網の発達は、国民の移動、たとえば地方から都市部への移動を容易にするとどもに、鉄鋼や石油精製業といった二次産業の発展に貢献した。企業は、安価な製品を大量に生産・供給するシステムを作り出し、そこで働く労働者たちがそれらを消費するという大量消費社会を生み出した。彼ら賃金労働者たちは、大量消費を支える新しい階級「中産階級」となった(3)。

一方、全国市場の成立を背景に、スタンダード石油社といった巨大産業が市場をほぼ独占した。19世紀末から急速に進行した企業の再編成により誕生した、産業トラストと呼ぶ巨大企業の市場独占は、自由競争の阻害のみならず、労使問題、賄賂やリベートといった不平等な取引と政治の腐敗を招いた(4)。

アメリカ連邦政府は１８９０年に制定したシャーマン法をはじめとする反トラスト法によって、市民競争による自由主義経済の維持に努力した。その一方で、大企業側は巨大企業こそがアメリカの国際競争力を高めるとともに、国内市場に向けて低価格で商品を大量供給する責任を果たしていると主張し、トラスト解体は単純に解決しなかった。反トラスト法の代表的な対象企業は、リーが長年広報顧問を務めた、ジョン・D・ロックフェラー(John D. Rockefeller)が設立したスタンダード石油トラストや、J・P・モルガン(J.P. Morgan)が資本参加していた鉄道事業などである(5)。

写真３．1915年当時の日給と物価
消防士の日当は２ドル、ビールは５セントなど
（ニューヨーク市交通博物館にて筆者撮影）

大きく変わるアメリカ社会

アメリカ社会を大きく変えた要因のひとつに、大量移民がある。19世紀末から20世紀初めにかけて、主にヨーロッパから大量に移民が渡米してきた。その主体は、従来の西欧（イギリス、ドイツ、北欧）といった国々からではなく、南欧・東欧からの「新移民」と言われる人たちだった。その数は、１８９０年から１９２０年までの30年間で１８００万人といわれ、その多くはニューヨークなどの大都市に定着した(6)。

彼らは英語が話せず、工業化が進む炭鉱や工場などで、最低の賃金や過酷な労働条件で働き、スラムと呼ばれる貧困者街を作り、アメリカ社会の最下層階級を構成した。また、中国や日本などヨーロッパ以外からの移民も増加した。このため、アメリカ政府は中国及び日本からの移民受け入れを禁止するなど、移民制限政策を行うようになった[7]。

都市問題では、１９００年には国内の約40％が都市に居住し、中でも人口10万人以上の都市の人口合計が国の総人口（約７６００万人）の約20％を、人口１００万人以上の大都市が総人口の約10％を占めるまでになった。アメリカの都市は、商業と金融の中心地となり、物資が集中し、巨大企業で成功した大富豪と新たに生まれた中流階級が支える、新しい都市文化を形成した。しかし大都市には、移民を中心としたスラムもあり、同じ地域に階級や所得の異なる人々が住み、都市の秩序を形成・維持する上で大きな問題を抱えた。

新しい労働力と労使問題の深刻化

機械化と大量生産システムを伴う工業化は、アメリカの労働者の生活や習慣を一変した。大量生産システムでは従来の熟練労働者は不要となり、代わりに単純作業を長時間行う労働力が大量に必要とされた。この長時間労働を担ったのは主に移民者であり、また家計を助けるという観点から女性労働者も増えていった。

その一方で、過酷な労働条件（長時間労働、休日なし、低賃金、保険労災なし）に耐えかねた労働者の一部が団結し、経営者と衝突したが、経営者側は力で労働者たちを押さえこんだ。１８８６年に設立されたアメリカ労働総同盟（American Federation of

Labors：AFL）を中心に、労働者の組織化が始まり、第一次世界大戦が始まった1914年には、約200万の組合員を擁するまで成長した[8]。

内から外に向かったアメリカの政治・外交

1901年9月に暗殺されたウィリアム・マッキンリー（William McKinley）大統領に代わり、副大統領のセオドア・ルーズベルト（Theodore Roosevelt）が第26代大統領に就任した。彼は、従来の消極的なアメリカ連邦政府の役割を、国内外に向けて積極的に展開するため、強力なリーダーシップを発揮した。ルーズベルトは自由経済の名の下で、巨大企業の産業発展の重要性を理解していたが、彼らの行き過ぎた活動を取り締まるために数ある反トラスト法の中でもシャーマン法を活性化させたのである[9]。

たとえば、J・P・モルガン率いる鉄道持ち株会社の鉄道事業統合を阻止し、スタンダード石油社を反トラスト法で告発した。また、労使問題解決に積極的に取り組み、1902年に発生したペンシルヴァニア無煙炭鉱でのストライキには、問題解決のために経営陣に対して連邦軍の派遣といった圧力をかけて事態を収拾した。1902年に発生したペンシルヴァニア無縁炭鉱ストライキについては、第3章で詳しく述べる。

19世紀のアメリカはフロンティア（大陸の西進）と国内の産業発展に専念していたが、19世紀末から20世紀にかけて、世界的な帝国主義の発展の中で、国内の有り余る国力を海外に転じる必要が生まれた。アメリカは、米西戦争を通してカリブ海を制圧し、フィリピンを併合するとともに、ハワイの併合を終えて太平洋地域もその影響下においた[10]。ルーズベルトの後任のウィリアム・タフト（William Taft）大統領は、武力手段ではなく、経済的な影響力を持って諸外国を支配し影響を与えるドル外交政策を取り、またウッドロウ・ウィルソン（Woodrow Wilson）大統領はアメリカの民主主義を輸出する「宣教師外交」を持って、世界のイニシアティブを取ろうとしたのである。

ウィルソンの「宣教師外交」は、アメリカ建国以来の「自由」と「民主主義」の理念を発展させた「革新主義」を元にしていた。これは、科学的で合理的な方法によって社会の問題を解決し、アメリカが考える正義に基づく秩序を実現し、社会の組織化を図ろうとする考え方であり、これは建国以来アメリカの政治経済の中心的な役割を果たしてきた「ＷＡＳＰ」と呼ばれる支配層・指導層を中心に広まり、実践されたものである[11]。「革新主義」は、リーのパブリック・リレーション概念にも影響を与えており、彼は、大衆は言葉やその印刷物によって、理論的に説明・説得することができるものだと考えていた[12]。

企業は沈黙から情報開示に

１８９０年代末から１９２０年代のアメリカは、前述のように、国内では急速な工業化と大量生産化、大量の移民流入、鉄道網の発達による国内市場の確立と流通の発展が進んだ。このため、少数の大富豪と大多数の貧困層の格差、雇用者と労働者間の争議が深刻になる一方で、大量消費社会を支える中産階級が誕生し、大量消費文化＝いわゆるアメリカ的な生活様式が、「現代アメリカ」の象徴となった。

一方、自由競争の名のもとに急成長を続けた巨大企業やその経営者に対する国民の不満は、主に新聞の企業批判などによってますます大きくなった。企業や経営者は、大衆を無視して事業を拡大することはできなくなり、19世紀末には、政府や利害関係者（ステークホルダー）との関係強化のために、パブリック・リレーションズに注目するようになってきた。たとえば、アメリカを代表する総合電機メーカーのウェスティングハウス社は１８８９年にアメリカで初の広報部門を設立した。ちなみに、東芝の子会社であるウェスティングハウス・エレクトリック・カンパニーは、旧ウェスティング社が買収で消滅後、同社の原子力部門が売却され、その後東芝が買収したものである。こうした時代の背景の中でパブリック・リレーションズを専門に扱う会社が誕生し始めた。１９００年には、アメリカ初のＰＲ会社であるパブリシティ・ビューロー社が設立され、リーがアメリカで三番目となるＰＲ会社パーカー＆リー社を共同で設立したのは、１９０４年である[13]。

第2節 「新聞」という新メディアの発展と世論への影響

19世紀から20世紀にかけて、アメリカでは急速に新聞が普及した。新聞の普及は、大衆による世論の形成に影響し、政府や企業、大資本家は大衆の支持なしには、自由に活動できなくなった。また、新聞社は価格競争とセンセーショナルな報道による販売合戦を繰り広げ、暴露記事を専門に扱う雑誌も次々と誕生し、企業や政治に不満を抱く中産階級や労働者たちから支持を得た。こうした暴露記事を次々と書いていたのが、マックレーカーと呼ばれるジャーナリストたちだった。本節は、時代や社会の急速な変化と共に拡大したアメリカのマスメディアと、新しいジャーナリズムの活躍を分析する。

大衆紙の発展：暴露とゴシップで国民から支持を集める

アメリカには合衆国政府の誕生前から新聞があった[14]。歴史家アーサー・シュレジンジャー（Arthur Meier Schlesinger Jr.）は、「イギリスからの独立戦争はプレスの力なしには成功しなかっただろう」と述べている[15]。合衆国憲法の修正条項第1条が「言論・出版の自由の制限の禁止」であるように、言論・出版の自由は、アメリカの民主主義の根幹をなす権利である[16]。

英国からの独立運動当時は、政党の機関紙や主義主張を伝えるための新聞が、世論の形成に影響を及ぼした。19世紀に入ると、一般市民にとって読みやすく身近な、新聞が発行されるようになり、政治記事のほかに、事件事故や当時のスキャンダル記事を掲載して、読者を増やした。

19世紀後半以降、新聞ビジネスはヨーロッパからの移民や地方から都市部への人口集中という社会の変化、輪転機の導入など印刷技術の進歩、鉄道や電信といった情報交通網の整備、公立教育制度の普及による識字率の向上、新しい広告メディアとしての新聞の価値の創造などにより、急速に発展していく。

1830年～40年の10年間で国内の新聞は約700紙から2倍の約1400紙となり、1900年ごろには約2000紙にまで増加した。このなかには、販売合戦が過熱したため、赤字経営に陥るところも多く、新聞社同士の合併や買収が多く見られた。たとえば、大都市では朝刊1部が2セントだったものを1セントに値下げするなど、複数の新聞社による販売競争が激化した[17]。特に、新聞の激戦区だったニューヨークでは、ジョセフ・ピュリッツァー（Joseph Pulitzer）の『ニューヨーク・ワールド』紙とウィリアム・ランドルフ・ハースト（William Randolph Hearst）の『ニューヨーク・ジャーナル』紙の販売合戦が熾烈を極めた。

ハンガリーの名家の生まれのピュリッツァーは、南北戦争に義勇軍の一員として参加するために渡米し、戦争終結後、セントルイスで新聞記者として働き始めた。その後、当地で既存の新聞社の買収や合併を繰り返した後『ポスト・ディスパッチ』紙を創刊した。同紙は、行政役員の汚職や大企業の腐敗を暴露する記事掲載で販売部数を伸ばし、成功を収めた。ピュリッツァーは、この成功を元に『ニューヨーク・ワールド』紙を買収し、ニューヨークに進出した。彼は、『ワールド』紙でもセントルイスでの事業スタイルを踏襲し、J・P・モルガンはじめ金融資本家たちの強引な経営や企業買収を非難するキャンペーンを展開して部数を伸ばした[18]。ちなみに、ピュリッツァー賞は、アメリカ国内の新聞社や通信社による印刷報道や、文学、作曲に与えられるアメリカで最も権威ある賞といわれているが、この賞はピュリッツァーの遺志に基づいて、1917年に創設されたものである。

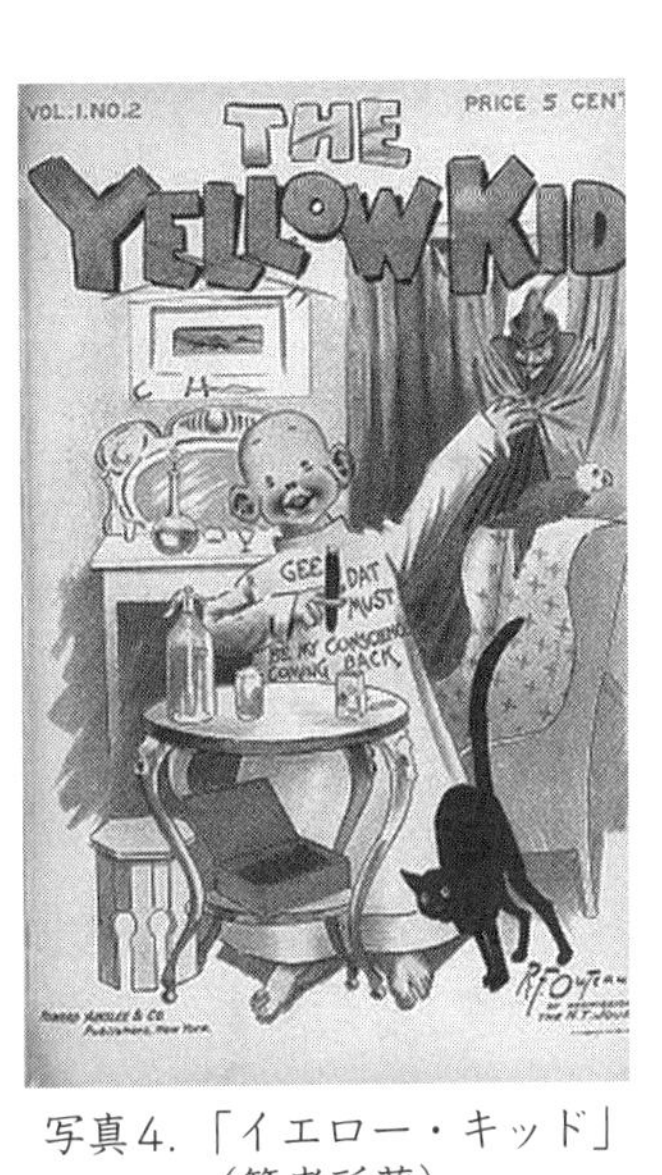

写真4.「イエロー・キッド」（筆者所蔵）

ハーストは、カリフォルニアの大資産家に生まれ、父親が買収した『サンフランシスコ・エグザミナー』紙の経営で成功を収めた。ニューヨークでの新聞経営に関心を持ったハーストは、実家の資産をあてにして赤字続きで経営難だった『ニューヨーク・ジャーナル』を1895年に買収した。ハーストは、当時一番売れていた『ワールド』紙に勝つために、『ワールド』紙の日曜版で連載され大人気だった、黄色い服を着た子どもが主人公のカラー漫画「イエロー・キッド」の作者を引き抜いた。ピュリッツァーも再引き抜きをしたが、財力にモノをいわせたハーストはさらに高額で引き抜きを繰り返した。この結果、イエロー・キッドは『ジャーナル』紙で連載され、『ワールド』紙は別の漫画家にイエロー・キッドを描かせて対抗するなど、両紙は報道内容ではないところで競い合い、ニューヨーク市民の話題をさらっていた[19]。

新聞がニュースを作る

ハーストは『ジャーナル』紙をはじめ、自身が所有する新聞の売上増のために、米西戦争を露骨に宣伝材料として活用した。たとえば、戦地取材のためにキューバに派遣した挿絵画家から「現地は平穏で戦争が起きる気配がないので、帰国したい」という電報を受け取ると、「戦争は私が起こすから、あなたはそこに居て絵を描いてほしい」と返信したという[20]。また、キューバで救出された女性を招いてニューヨークでパレードを行うなど、ハーストはニュースを自ら作り、それをスキャンダルかつセンセーショナルな内容で報道し、販売部数を伸ばしていったのである[21]。

1890年代の新聞社の経営者や編集長たちはハーストの成功に影響されたのか、実報道より〝ニュースを創る〟ことの価値に目覚めた。急速に変化し続ける社会の中で蔓延する、政治の汚職や差別、貧富の拡大などに対する国民の不平・不満のはけ口のように、これらの大衆紙は暴露記事やゴシップ記事を大量に掲載した。これが絶大な支持を集めて部数拡大に貢献し、『ワールド』紙や『ジャーナル』紙に代表される大衆紙の「イエロー・ジャーナリズム」は、世論を左右するほどの力を持つようになった[22]。

第3節「マックレーカー」の台頭：暴露記事やゴシップ記事の増加

1880年代以降、アメリカでは雑誌が新たな大衆メディアとして発展した。新聞が次から次へとゴシップ記事を生産し続け、なおかつジャーナリストが時間と手間をかけて取材した、企業や行政の暴露記事を掲載する雑誌が国民の支持を集めたのである。代表的な雑誌は、サミュエル・S・マクルーア（Samuel S. McClure）が1893年に創刊した『マクルーア・マガジン』誌である[23]。

『マクルーア・マガジン』誌は、アイダ・M・ターベル（Ida M. Tarbell）が4年以上の歳月をかけて取材した、「スタンダード石油会社の歴史」を、1902年11月から2年間連載した。ターベルは、スタンダード社に関する裁判記録をはじめ、議会や州政府の調査資料などを丹念に調べたほか、関係者への粘り強い取材を行った。

連載は、スタンダード社が事業拡大のために手段を選ばず、同業他社を買収併合する過

写真5.
『マクルーア・マガジン』
(筆者所蔵)

程や、鉄道会社からのリベート受け取りといった非社会的行動に加えて、創業者ジョン・D・ロックフェラーの冷徹な人間像を詳しく書いて、読者に強い印象を与えた[24]。実は、ターベルの真の狙いは創業者のジョン・D・ロックフェラー個人への攻撃にあったと考えられる。というのも、ターベルの父親はオハイオ州で独立系の石油精製会社を経営しており、スタンダード社との競争に敗れ、破産に追い込まれたのだった。連載は、事実を淡々と積み重ねて書いているようにも見えるが、ロックフェラー個人に関する箇所は極めて攻撃的な表現に満ちているうえに、中には明らかな間違いもあった。それでも読者はこの連載に喝采を送り、『マクルーア・マガジン』誌は販売部数を伸ばした[25]。

今日の企業広報の観点から考えれば、企業の広報部門はこのような連載が開始されると、最初に記事の信憑性＝事実関係を調査する。その後、企業の公式見解や記者会見、あるいは名誉毀損訴訟を起こすなど、迅速に行動を起こすはずである。しかし、当時のスタンダード社は、反論を含むコメント発表やプレス取材を一切行わなかった。

セオドア・ルーズベルト大統領は、記事を書くジャーナリストたちを「マックレーカー」と呼んで、彼らの記事や雑誌の流行自体を批判していた。しかし、その中には丁寧な取材に基づく建設的な記事もあり、大衆に問題提起や改革を促したばかりでなく、ルーズベルト自身が関心を持って連邦政府を動かし、問題解決に結びついたものもあった[26]。『マクルーア・マガジン』誌の成功で似たような雑誌が次々と発行されたが、中身が伴わない記事があふれ、読者に飽きられて部数が落ち、さらに記事で批判された企業が広告の出稿を取りやめた結果、経営状態が悪化した雑誌は次々と廃刊していった。国民から人気と支持を集めたこれらの雑誌とマックレーカーによる記事は、１９２０年代にはほとんど姿を消したのである。

しかし、『マクルーア・マガジン』誌とその後に続いた雑誌は、企業や行政の内幕を暴くという20世紀初頭の新しいジャーナリズムの傾向を形作ったという観点から、その存在意義は大きく、活動は評価されるものである。

また、記事を執筆したアイダ・ターベル（Ida Tarbell）やアプトン・シンクレア（Upton Sinclair）といった「マックレーカー」たちは作家に転進し、ジャーナリストとして生涯にわたり暴露記事の執筆を続ける者もいた。後にウィルソン大統領の元で、第一次世界大戦に参戦したアメリカのプロパガンダ活動を指揮した広報委員会（Commission on Public Information：CPI）の代表を務めたジョージ・クリール（George Creel）もマックレーカーのひとりだった[27]。

マスメディアの発展と企業・資本家

新聞は、1890年代から急速に発行部数を伸ばし、マスメディアとして大衆に大きな影響を与え、大統領はじめ連邦政府も動かす原動力となった。マックレーカーの活躍で急成長した暴露雑誌も、その編集方針や掲載記事から、20世紀の新しいジャーナリズムの役割を示した。

企業や大資本家にとって、経済・社会・文化など国家のシステムが急速に変化・発展し続ける現代アメリカでは、大衆の理解を得ることや、異なる利害関係者（ステークホルダー）とのコミュニケーションを通した信頼関係を築くことは、最も重要な課題となった。記事に対する反論や無視を続けていた企業や経営者も、パブリシティの重要性を受け止め、メディアへの対応に向き合うことになる。

第2章　世界初の本格的広報業務の始まり

リーは1903年、ニューヨーク市長選挙に立候補したセス・ロー（Seth Low）の選挙対策本部に広報担当として参加し、経験豊かな広報エージェントのジョージ・パーカー（George Parker）と知り合う。パーカーは、翌年行われた米大統領選挙の民主党全国委員会新聞局で選挙戦の広報活動を統括し、リーをアシスタントとして雇った。こうして知り合った二人は前述したように大統領選終了後の1904年、米国三番目の広報エージェンシー「パーカー&リー」社を共同で設立した[1]。本章では、リーが広報エージェントとして活動を開始する以前の広報エージェントの主な活動内容と、彼の活動の原点となった『原則の宣言』について紹介し、リーが取り組んださまざまな広報キャンペーンを分析する。

リーが本格的に広報エージェントとして活躍したのは、ペンシルヴァニア州の無煙炭鉱ストライキにおける炭鉱経営者側の広報代理人としてである。炭鉱経営会社は、リーが経営者の代理人としてストライキに関するプレス対応を担当するという声明を出し、パーカー&リー社はリーが作成した『原則の宣言』を同時に新聞社に送った。『原則の宣言』は英文１２０ワードからなる短いもので、広報エージェントという職務とその立ち位置を初めて明文化したものであり、現代パブリック・リレーションズでも通用する内容である。

ちなみに、多くの広報の教科書や専門書では、『原則の宣言』は１９０６年に書かれたものとしているが、ペンシルヴァニア州で無煙炭炭鉱のストライキは１９０５年には発生しているものの、１９０６年には記録がない。筆者は、リーが炭鉱会社に雇われたのは１９０５年で、『原則の宣言』も１９０５年に書かれたのではないか、と指摘する先行研究にたどり着いた[2]。それによれば、『原則の宣言』が１９０６年に書かれたとする説の根拠は、ジャーナリストのシャーマン・モース（Sherman Morse）が１９０６年９月に発行された『アメリカン・マガジン』誌に寄稿した記事の中で、初めて『原則の宣言』を全文紹介したことによる[3]。リーの唯一の伝記である『Courtier to The Crowd』（「大衆の下僕」（筆者注）、未訳、１９６６）はじめ、『原則の宣言』を紹介する研究論文や専門書は、モースの記事を引用しているため、『原則の宣言』は

AMERICAN MAGAZINE

VOL. LXII, NO. 5 SEPTEMBER, 1906

An Awakening in Wall Street

How the Trusts, after Years of Silence, now speak through authorized and acknowledged Press Agents

By Sherman Morse

ILLUSTRATED WITH PORTRAITS

THE time is easily recalled when men at the head of great combinations of capital were indifferent to blame. Because of the ineffectual criticisms aimed at them, their indifference was perhaps natural. But that was before the day of specific information, well circulated. In place of abuse and inaccuracies the public began to get facts. Instances of violations of law were presented, and explanations were generally demanded.

Masters of finance whose ears were close to the ground began to realize that a new force had to be reckoned with. Still they remained silent. They were not yet driven into the open. Such men as H. H. Rogers remained unknown, even by sight, to most newspaper men. Evidence piled higher and higher, and for years remained unchallenged save by general denials sent out at rare intervals. Even when editors of careful newspapers, honestly desirous of presenting both sides of a question, offered to publish explanations or denials from men under fire, advantage of the opportunity was seldom taken. Newspapers under the control of those criticised refuted accusations with increasing frequency and directness, and in their news columns suppressed anything more than indefinite references to them. Independent publications, if they discussed such questions at all, presented what facts they could.

FIRST STEP TO STEM THE TIDE A BAD ONE

It was inevitable that the corporations would take measures to stop the growth of public indignation to which their policy of silence had in considerable measure contributed, but the means they first took were disastrous. Newspaper men were induced here and there to color their "stories" and to influence other reporters to be friendly to powerful financial interests, but most reporters and editors treated with contempt

写真６．『アメリカン・マガジン』
（「PR博物館」にて筆者撮影）

1906年に発表されたものとしているにすぎない[(4)]。ちなみに、『原則の宣言』の原本や新聞社に配布されたコピーは、残念ながら現存しない。

筆者は、歴史的事実や先行研究を調査する限り、パーカー&リー社が「無煙炭」炭鉱会社を経営するフィラデルフィア・リーディング鉄道会社と広報顧問契約を結び、『原則の宣言』発表したのは1905年というのが適切と考えるが、1906年説も完全に否定されたわけではない。発表年に関する先行研究をはじめ、より詳細な調査が待たれるところである[(5)]。

1906年10月に発生したペンシルヴァニア鉄道脱線事故では、鉄道会社の広報担当として雇われたリーが当時の企業の慣習だった情報隠蔽を廃止し、事故現場に記者を招待して自由な取材を行わせたほか、会社発表（ステートメント）を毎日発行した。これは、プレスリリースを実用化した初の事例として有名であり、第3章第2節で詳しく述べる[(6)]。

第1節　19世紀の広報エージェント

リーが広報エージェントとして本格的に活動を開始する以前にも、広報業務を生業とした専門家は存在した。彼らは一体何をしていたのか。本節では、まず19世紀後半から同世紀末における広報エージェントの活動を調査し、リー以前の広報エージェントの活動と、リーの広報手法との違いを比較検証する。

リー以前の広報エージェント

1776年のアメリカ合衆国建国以降、アメリカにおけるパブリック・リレーションズ活動の中心は主に政治の分野だった。たとえば、19世紀に入ると広報エージェントが大統領選挙や連邦政府の情報発信の役目を担っていた。当時の広報エージェントのほとんどは元新聞記者で、大統領や候補者の演説原稿執筆をはじめ、議事録作成、集会などで使用するパンフレットを作成していた[7]。

19世紀に入ると、政治以外の分野でも情報発信手段としてパブリック・リレーションズの手法が用いられ始めた。たとえば、サーカスなどの興行主が集客活動のための記事掲載のために広報エージェントを採用しており、サーカス興行主であるジョン・ロビンソン(John Robinson)の巡回動物園の1868年の役員名簿には、プレス・エージェントリ(Press Agentry)という役職名が記載されている。また、著名なサーカス興行主であり、専用列車での巡業形式を初めて導入したといわれるフィニアス・T・バーナム(Phineas Taylor Barnum)は、興行先の地元紙に予め開催告知情報を送り、興行の前宣伝として記事が掲載されるよう、広報エージェントを活用していた[8]。

興行主の依頼を受けた広報エージェントたちは、記者に招待券を渡して記事掲載を働きかけ、また記者や新聞社も記事を掲載する代わりにその見返りを求めた。掲載された記事の内容は、象を緑色に塗って「ナウマン像の生き残りがやってくる」というような大げさな見出しの興味本位な宣伝記事だった(9)。

世界初の広報部門設立

19世紀末になると、鉄道や電気・通信など公共サービスに関わる民間企業が、パブリシティ（広報）部門を設立した。この目的は競合企業への対抗であり、また、政府規制に反対する理由を利用者や大衆に伝え、彼らの理解や支持を得るためであり、現代の企業・製品ＰＲ活動とほぼ同じだった。企業で広報部門設立が最も早かったのは、前述したとおりウェスティングハウス社で、１８８９年にグループ内の電気会社にパブリック・リレーションズ部門（Publicity Bureau）を設立した(10)。この部門は、新聞への記事掲載や広告出稿など、当時の広報エージェントが担っていた業務を管理していた。また、パブリック・リレーションズという用語を初めて使用した団体は、アメリカ鉄道協会（Association of American Railroads：AAR）で、１８９７年の鉄道業界年鑑誌『Year Book of Railway Literature』の序文に登場する（写真７）(11)。

19世紀後半から20世紀初めにかけて、鉄道会社や電気通信会社は自由主義の下で急速に発展し、大手企業が市場を独占していた。特に、鉄道会社の株式は当時のニューヨーク証

年鑑の序文では、発行人が鉄道業界のパブリック・リレーションズについて次のように述べている（筆者抄訳）。

「鉄道年鑑の目的は、一年を通して鉄道の取り組みやその価値を、パブリック・リレーションの観点から新聞に伝えることにあります。鉄道年鑑のような業界を代表する出版物は、批判や反論に対してオープンに対応しなければならないのですが、1897年以前の版では、反論や批判があるべき場所から削除されていた可能性もあったことでしょう。しかし、1897年版はそのような疑惑を疑う余地がありませんし、今後もそのようなことはないと、発行人は信じております。」

Preface.

The object of the publishers of the Year Book of Railway Literature is to put annually into permanent form all papers or addresses on the public relations of railways, appearing or being delivered during the year, which seem to have enduring value. The first volume of such a publication must necessarily be in some respects open to criticism. It is probable that articles have been omitted for which a place should have been found. It will also be noticed that matter is included which was published before the beginning of the year 1897. The publishers believe, however, that as the volume stands it has unquestionable value. Moreover, that value will be cumulative with each succeeding yearly volume.

Satisfactorily to meet the ends for which it was designed, it was especially desirable that the Year Book should be fully and intelligently indexed. Attention is called to the index to this volume, which has been compiled with a view to making as accessible as possible all matters contained in the various articles bearing on the greater problems which confront railway companies to-day—such problems as are connected with pooling, employes and their wages, falling rates, traffic associations, two-cent passenger fares, taxation, the capital invested in railways and its productiveness, etc., etc. The index is designed to be as helpful as possible to the seeker for information on these and kindred topics.

Thanks are owing to the authors of the various papers for the assistance which they have rendered to the editor in the preparation of their matter for publication, and also to the publishers of the *Forum*, the *North American Review*, the *Engineering Magazine* and the *Railway Magazine*, for permitting the republication, from their pages, of copyrighted articles. Their courtesy is gratefully acknowledged.

H. P. R.

写真7.
『アメリカ鉄道年鑑』1897年版
「序文」（筆者所蔵）

券取引所の取扱量の大半を占めるほど巨大な産業でもあった。しかし、特定の顧客を優遇して料金に格差をつけたり、事故や停電によって運転中止を繰り返す貧弱なサービスを行っていた鉄道会社に対する、利用者の不満は抑えがたいほどになってきた。連邦政府は現状を改善するため、鉄道や電力といった民間事業の国営化を目指す動きをしており、これに対抗するため、鉄道会社や他の大手民間企業は顧客や大衆に自身のメッセージを伝えることが必要であり、パブリック・リレーションズへの対応が求められた。

たとえば、AT&T社の前身であるベル・システム社は、アメリカ初のPR会社として誕生したパブリシティ・ビューロー社と1903年に契約し、民間企業による通信電話事業経営の重要性を、大衆に訴える広報活動を始めた(12)。

パブリシティ・ビューロー社は、現代のアドバトリアル（ペイド・パブリシティ）と同じ手法をベル・システム社に提案した。それは、同社が多額の広告を国内主要都市の新聞に出稿する代わりに、プレスリリースや経営幹部のインタビュー記事を必ず掲載させるというものだった。

ちなみに当時の新聞社には、記事掲載の料金表が存在しており、ペイド・パブリシティは広く受け入れられていたと考えられる。たとえば、1886年当時の『ニューヨーク・タイムズ』紙は1200ドルでベル・システム社に都合の良い記事の掲載を許可している(13)。

さらに、新聞の発達に伴い、企業広告や製品広告の掲載を専門に取り扱う広告代理業も誕生した。アメリカ初の広告代理業は1841年にフィラデルフィアで誕生し、その後、ニューヨークやボストンといった東部都市を中心に多くの広告会社が誕生していった(14)。

第2節　PR会社の設立と「原則の宣言」

前述したように、リーは自身初のPR会社であるパーカー&リー社を1904年に設立し、広報エージェントとしての活動を本格的に開始した。その最初の大仕事は、無煙炭炭鉱ストライキの広報担当であり、『原則の宣言』の発表だった。『原則の宣言』はその発表以降、21世紀に至る現代の広報エージェントにとって、その行動規範として数多く引用されてきたものである。パーカー&リー社が発表した『原則の宣言』は、リーが経営者側の代表として広報業務を行うために、その広報方針を新聞社に示したものである。本節は『原則の宣言』の全文を紹介し、その内容分析を試みる。

『原則の宣言』が生まれた背景

『原則の宣言』は英文120ワードと短い文章だが、リー以前の広報エージェントとリーたちの違いを、明確に区別する内容が記されている。もともとは、ペンシルヴァニア州

『原則の宣言』原文

“This is not a secret press bureau. All our work is done in the open. We aim to supply news. This is not an advertising agency. If you think any of our matter ought properly to go to your business office, do not use it. Our matter is accurate. Further details on any subject treated will be supplied promptly, and any editor will be assisted most carefully in verifying directly any statement of fact. ... In brief, our plan is frankly, and openly, on behalf of business concerns and public institutions, to supply the press and public of the United States prompt and accurate information concerning subjects which it is of value and interest to the public to know about.”

「これは秘密の広報部門（a secret press bureau）ではない。私たちの業務はすべてオープンに行われるものである。私たちはニュースを提供するのであって，広告会社（an advertising agency）ではない。皆さんがもし，私たちの提供する情報が皆さんの広告（営業）部門（your business office）に送るべきものだと考えたら，それを使用しないでほしい。私たちが取り扱うニュースは正確である。情報の詳細はすぐに提供され，編集者はあらゆる発表内容の事実を直接検証するために，細心の注意を持って対応されるだろう。要するに，私たちは正直でオープンに，企業ならびに公共機関の代表として，プレスと米国のパブリックに対して，パブリックが知りたいと思う価値があり関心を抱く問題を，迅速かつ正確に提供するものである。」

『原則の宣言』原文と日本語訳（訳とカッコ内表記は筆者）

で発生した、無煙炭鉱者ストライキの広報対応としてリーが発案し作成したものである。
炭鉱会社はパーカー&リー社と広報顧問契約を結び、「アイビー・リー氏を会社の公式広報代理人として採用し、すべての会社の声明をリー氏経由で新聞社に配信すること。リー氏はプレスの質問にすべて答え、必要な情報を提供する」という内容の声明を作成した。リーは、この声明と共に『原則の宣言』を新聞社に発送した。この二つの書類は、この事件における広報エージェントの立場と責任を明確にしたものである。

では、なぜリーは『原則の宣言』を書いたのか。第1章で述べたように、新聞記者を辞めて独立後の3年間、リーは小さな記事掲載の仕事を請けながら、将来のクライアント獲得を目指してウォール・ストリートの金融機関向けに原稿を執筆していたほか、ニューヨーク市長選挙の候補者広報、鉄道用地買収のための銀行シンジケート広報、大統領選挙の民主党候補者広報などに携わっていた[15]。

二つの選挙活動ではともに候補者が落選したが、ニューヨーク市長選では候補者の主張を伝えるため100ページ以上に及ぶ小冊子『人々の都市：ニューヨークがかつて経験したことのない、最高の行政』を執筆している[16]。

また、鉄道用地買収活動に関わったときは、クライアントの鉄道会社から依頼されて地権者を説得するためのパンフレット作成や記事掲載活動を行った。さらに自ら地権者に会い、現在のタウンミーティングのような事業計画説明会を開催した。事業用地買収計画は、リーの活動も貢献し、成功裏に終わった(17)。

これらの活動は、いずれも彼が新聞記者時代から思い描いていた広報エージェントの手法を実践したもので、大きなプロジェクトではなかった。しかし、ペンシルヴァニア無煙炭炭鉱ストライキ広報は、これらとはまったく違った。なにしろ、１９０２年のストライキではルーズベルト大統領が仲介に乗り出すほどの事件であり、リーはこの機会を利用して、全米の企業や企業経営者に自身の思いを伝えたかったのではないだろうか。

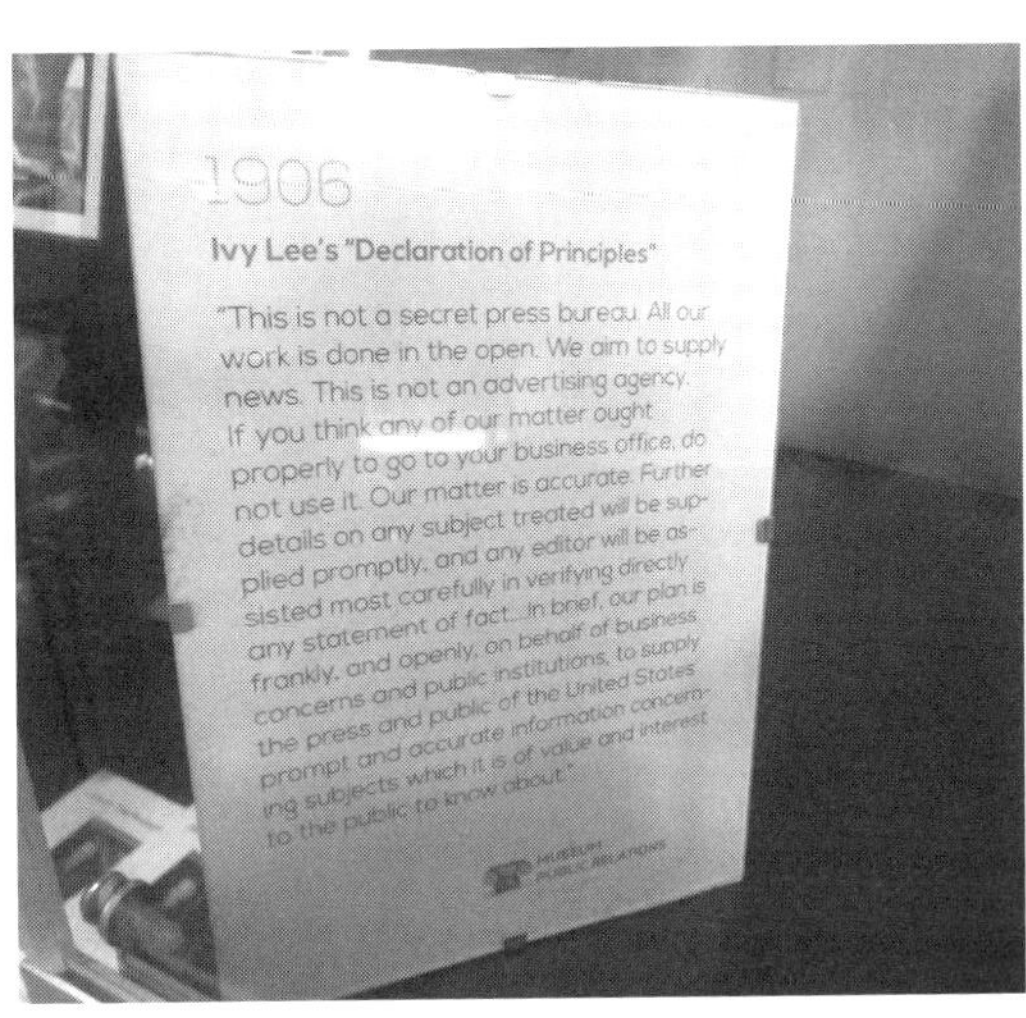

写真８.『原則の宣言』
「PR博物館」にて筆者撮影

ジョージ・パーカーとの考えの相違

『原則の宣言』は、パーカー＆リー社を共同で設立した、ジョージ・パーカーと自身の考え方の違いを示しているとも考えられる。

まず、リーとの考えの違いを分析する前に、パーカーの経歴を簡単に紹介したい[18]。1847年生まれで、リーより30歳年長のパーカーは、1873年にインディアナ州の『トリビューン（Tribune）』紙で記者のキャリアを始めた。その後、地方紙の編集記者や創刊に携わったあと、1888年にグローバー・クリーブランド大統領の選挙期間中、民主党全国委員会文芸部の責任者およびキャンペーン・パンフレットの編集者をフルタイムで務めた。パーカーは、合計5回に及ぶ民主党大統領選挙において党全国委員会で働き、文芸部を強力な広報局に変えていった。1904年の大統領選挙戦で民主党全国委員会にリーを誘い、選挙戦終了後はその縁でパーカー&リー社を共同で設立した。

経歴を見る限り、パーカーはいわゆる「オールドファッション」型の広報エージェントだった。彼は、新聞記事掲載こそが広報活動で最も価値があると考えており、クライアントの記事掲載に固執した。それに対し、リーはPRの新しい可能性を信じ、広報エージェントとして独立後、パーカーが固執する記事掲載以外の幅広いパブリック・リレーションズ業務にも取り組みたいと考えていた。両者の溝は埋まらないまま、パーカー&リー社は設立からわずか4年後の1908年に解散した[19]。

『原則の宣言』の意義と評価

前述したように、『原則の宣言』に関する最も古い評価記事は、ジャーナリストのシャーマン・モースが『アメリカン・マガジン（American Magazine）』誌1906年9月号

（Vol.62）に寄稿したものである。第1章で述べたとおり、『原則の宣言』の原本（リーが送付した印刷物）は現存せず、モースが最初にその全文を紹介したため、現在のパブリック・リレーションズに関する論文や専門書が『原則の宣言』を紹介する場合、すべてがモースの寄稿を出典として引用している。

モースは、「当時の新聞記者はいわゆる〝賄賂〟を企業から受け取って、その企業に都合の良い記事を掲載することや、他の記者にも同様の働きかけを行うことがあった。しかし、企業のこの努力はあまり実を結ばなかった」と指摘し、その結果「大衆の批判に対応するために、企業が最近取り組んでいるのはプロの広報エージェントの採用である」と述べている。

また、モースは「１９０２年の無煙炭炭鉱ストライキにおいて、批判に対して沈黙を続けた結果、ニュースの重要性をいやというほど思い知らされた経営者側が、その後の大衆の批判対策として、リーを広報エージェントとして採用することになった」と指摘し、「リーの『原則の宣言』は、企業のオープンで正直な情報発信機能としての記事掲載の確立」に貢献するものだったとしている。

モース以降、ジャーナリストや研究者たちは『原則の宣言』をどのように評価しているだろうか。たとえば、ジャーナリストのエリック・ゴールドマン（Eric F. Goldman）は、「原則の宣言は、パブリック・リレーションズの第２ステージの幕開けを告げるものだ。

写真9．パーカー＆リー社時代のリー
「PR博物館」にて筆者撮影

パブリックはもはや、今まで企業が無視し、プレスエージェントが馬鹿にするような存在ではなく、情報を与えられる立場となった」と『原則の宣言』を評価した[20]。

スコット・カトリップは、『体系パブリック・リレーションズ』の中でゴールドマンを引用しながら、『原則の宣言』について、「大衆の意見など関係ない」というウォール・ストリートを覆う支配的感情に逆らって、大衆はもはやビジネスの伝統的手法で無視されてはいけないし、プレスエージェントの常套手段でばかにされてもいけない、ということを明らかにした」としている[21]。さらに、リーの伝記『Courtier to the Crowd』を執筆した歴史家のレイ・エルドン・ヒーバート（Ray Eldon Hiebert）は、『原則の宣言』について同書の中で「現代パブリック・リレーションズの出発点だった」と指摘している[22]。

『原則の宣言』の内容はリー独自の発案かリーが作成した『原則の宣言』は、当時の新聞社から歓迎を持って受け止められたようである。しかし、宣言の内容は必ずしもリーがすべて独自に発案したものではなく、当時の政治家とプレスとの議論、特にセオドア・ルーズベルト大統領のパブリシティ政策の影響を受けていると考えられる。

ルーズベルトは、「新聞の見出しで政治を行う大統領」とも言われ、彼ほどメディアを通して国民の関心をひきつける力を持った大統領はいなかった。彼は、マックレーカーたちの暴露記事が取り上げた、スタンダード社をはじめとする独占企業による自由競争排除をはじめ、企業・政府の腐敗廃絶活動や、ペンシルヴァニア無煙炭炭鉱ストライキへの介入などの際、新聞を積極的に活用した[23]。

アメリカ大統領は伝統的にパブリシティを重視してきたが、特にルーズベルトはまるで広報エージェントのように新聞社を積極的に活用していたので、『原則の宣言』の最後の段落は、ルーズベルトが語ったものだとしても違和感がない。『原則の宣言』はリー独自の考えと、当時のパブリック・リレーションズを取り巻く状況の中で、ルーズベルトのような先進的な政治家が主張する政策から影響を受けた部分があるのではないか、と考えられる[24]。

しかし、こうした内容を文書にまとめて新聞社に送付し、広報エージェントとしての立場や決意を明確にした点で、『原則の宣言』は歴史的価値を有しており、また、広報エージェントの概念形成に貢献したといえる。

第3節　鉄道運賃値上げキャンペーンにおける世論形成

1909年から3年間、ニューヨークの金融機関からヨーロッパでの業務拡大に伴う支店開設調査の仕事を請け、リーはイギリスに駐在した。帰国後、ペンシルヴァニア鉄道の要請を受けて、自身のPR会社の経営をパートナーや兄弟に託し、1912年12月に同社に入社した。リーは、連邦政府の法規制によって一律運賃が導入されたことに反対し、以前のように企業が独自に運賃値上げできる権利を勝ち取るため、政府や鉄道業界を巻き込んだ広報キャンペーンを統括したのである[25]。

当時の鉄道会社は、連邦政府の法規制によって独自の自由な運賃決定権を失い、経営状態が悪化し続けていた。リーは鉄道業界の広報エージェントとして規制反対の広報キャンペーンを主導し、従来のマスメディア（新聞）主体のパブリシティに加えて、独自のメディアを数多く開発し、アメリカ史上最大規模の統合型パブリシティ・キャンペーンを実践した。彼の手法は、現代のＩＭＣ（統合型マーケティング・コミュニケーション）の原型と位置づけられるほどだった。本節では、リーが行った統合型パブリシティ・キャンペーンの内容を個別に調査し、その効果を分析する。

鉄道業界の現状：パブリシティ・キャンペーンの背景

アメリカの鉄道業界は19世紀後半から発展し、１９０６年には業界全体の営業収入がピークを迎えた。しかし、連邦政府による鉄道事業の規制を行なうために１９０６年に成立したヘップバーン法によって、業界全体の年率成長率が下がり始めた。１９０７年には多くの鉄道会社が破産に追い込まれ、１９０８年には業界全体の売上が対前年比で約3億ドルも減少した[26]。

鉄道会社にとって、新たな路線の建設、木製車両から金属車両への入れ替え、線路や駅舎などの保守点検費用など、多額の投資が必要であり、これらは企業経営に大きな影響を与えた。さらに20世紀に入ると、都市部では路面電車、郊外では自動車といった新たな競合サービスが生まれ、経営者たちは鉄道の将来に不安を抱いていたのである。

ペンシルヴァニア鉄道の社長は、同社を取り巻く経営環境を打開するために、公定運賃値上げを連邦政府に認めさせるための広報活動が急務と考え、１９１２年12月にヨーロッパから帰国したリーを、役員待遇の社長専属アシスタントとして迎え入れた。リーは、同社が直面していたさまざまな問題や提供するサービスについて、鉄道の利用者の視点やパブリック・リレーションズの専門家という第三者の立場から見解を述べ、問題解決の助言が主な仕事であり、社内で自由に活動する権利も与えられていた。

リーは、役員に対して「新聞記事は一般に、公開情報に基づいて作られるので、鉄道会社は利用者が関心を持ち、利用者に歓迎される情報を出す努力をしなければならない」と助言し、社内の意識改革に取り組んだのである[27]。

リー自身は、ヘップバーン法など連邦政府の規制自体に全面的に反対ではなく、特定顧客へのリベート提供や不平等な運賃体系といった古い習慣は断ち切るべきだと考えていた[28]。しかし、鉄道業界の成長率が落ち、各社の経営状態が悪化したのは、連邦政府の規制によって自由な運賃設定ができなくなったことによる収入減少が最大の要因であるとも考えていた。リーは、連邦政府の政策を支持する大衆の理解と支持を得るために、パブリシティ・キャンペーンを行う必要性を感じていたのである。

役員待遇を受け、社内で自由に活動できることもあり、リーは自身のパブリック・リレーションズに関するさまざまなアイディアを実践できる立場にあった。リーのPR会社のスタッフであるダニエル・ピアースによれば、リーは「自分の理論やアイディアの実践の場として、鉄道会社の巨大な影響力を活用することができた」のである[29]。

リーのパブリシティ方針の特徴

リーは不平等な運賃制度や多発する鉄道事故など、鉄道会社の現状に不満を持ち、連邦政府の政策を支持する利用者や大衆に対して、鉄道業界の現状の正しい理解と、値上げに対する支持を訴えるため、独自のパブリシティ・キャンペーンを企画した。これは、全国的な新聞メディアに頼るだけのものではなかった。

彼のパブリシティ・キャンペーンは次の３点を念頭に構成された。それは第１に、大衆は強力で公正であることを理解する。第２は、鉄道をはじめ、すべてのビジネスの事業拡大には、一定の経済法則があることを大衆に理解させる。第３は、大衆との意見対立や衝突の解決に、記事が貢献する、というものだった[30]。

運賃値上げキャンペーンの開始と新しい広報手段の開発

リーは、運賃値上げキャンペーンに先がけて広報部隊を結成した。それが「プレジデント・コミッティ」であり、パブリシティ活動の責任者としてアメリカ東部の大手鉄道会社３社の社長を任命した。彼らは、運賃討論における鉄道会社側の広報担当者として活動したのである[31]。また、リーはキャンペーンを展開するにあたって、運賃値上げ交渉の当事者である州際通商委員会（ＩＣＣ）に、自身の活動内容を事前に報告するとともに、マスメディアに対する活動方針を説明した。

リーは、ペンシルヴァニア鉄道の本社が置かれているフィラデルフィア市の新聞各社に企業側の声明を提供し始めた。キャンペーンを開始した1913年の時点で、情報発信手段としてのマスメディアは、新聞だったからである。しかしリーはキャンペーン開始後、より広い分野のより多くの人たちに伝えるにはどうすればよいか悩んでいた。なぜなら彼は、新聞だけでは情報が届かない人たちの存在を知ったからである。彼がペンシルヴァニア鉄道の営業範囲や顧客層を調査した結果、会社には約11万2000人の株主、約20万人の社債購入者、約25万人の従業員、そして毎日利用する約50万人の乗客がいることがわかった。しかし、これらの人々が必ずしも新聞を読んでいるわけではないので、新聞の非購読者である鉄道利用者に伝える手段の開発は急務だった[32]。

彼は、新聞社に配布する声明文と同じ内容をパンフレットに印刷し、駅構内に掲示板を設置して配布した。また、客車内には小さな箱を設置し、列車の運行情報や会社役員から乗客にあてた感謝のメッセージなどをカードにして置き、乗客が自由に持ち帰ることができるようにした。

また、リーは乗客や従業員と共に、会社にとって重要なオピニオン・リーダーに注目した。それは、他人に影響を与える人々であり、連邦政府議員、州議会議員、市長、市会議員、大学学長、経済学者、銀行家、作家、教師、聖職者たちである。彼らに郵送したパンフレットや広報誌には、会社のメッセージや議論と共に、地元で尊敬されているオピニオン・リーダーたちのコメントが添えられていた。

さらに、リーは、キャンペーン活動のひとつとして「スピーカーズ・ビューロー」（弁士部門）を設立した。弁士は鉄道会社の役員たちで構成され、「プレジデント・コミッティ」と共に地方の商工会議所のような重要なコミュニティやビジネスグループの集会に参加し、その場で演説を行った。演説の様子は地方紙で報道され、ニュースとして紹介された。また、リー自身も弁士の一人として講演した。

ちなみに、弁士の選抜、講演内容の統一、講演機会の選別や弁士の派遣といった情報発信システムは、後にアメリカが第一次世界大戦に参戦後、ウィルソン大統領の下で活動した広報委員会（ＣＰＩ）の第一次世界大戦参戦キャンペーンにおける「フォー・ミニット・マン（4 Minute Men）」との類似点が多く見られる。リーが発案した弁士派遣システムは、「フォー・ミニット・マン」の原型になったといえるのではないだろうか。

キャンペーンで何を訴えたのか

リーのキャンペーンには、鉄道会社の現状や、現代社会における資本主義の基本に係わる重要な問題がすべて含まれていた。たとえば、増加する鉄道の安全対策について、彼は「鉄道会社は自動信号や直線路、鋼鉄車両、電気機関車の導入をはじめ、すべての街に美しい駅舎を作りたい」という鉄道会社のメッセージを前述したポスターやカードに印刷して、利用者に伝えようとしたのである。

しかし、「国内の木製車両をすべて置き換えるためには、6億ドルのコストがかかり、またペンシルヴァニア鉄道だけでも、すべての踏切をなくすためには6億ドルの費用がかかると見積もられる。できるだけ費用を使わないで、安全対策を実施する唯一の方法は、従業員が全てを行うしか方法がないのが現状だが、従業員だけに無理を強いるだけで良いのだろうか」と指摘した。予算がない、人手が足りない中で、長時間労働を強いることは、現代のブラック企業を思わせる行為であり、リーはこのような労働環境の改善も訴えたのである。

キャンペーンに対する連邦議会議員の反発

キャンペーンは、大きな反響と批判を巻き起こした。アイオワ州選出のアルバート・B・カミンス（Albert B. Cummins）上院議員は、議会で「リーが行った最も包括的で情熱的かつ強引なキャンペーンは、連邦政府が行った鉄道会社の運賃や経営に対する規制を批判し、大きな過ちだったと国民に思い込ませようとするものだ。」と述べ、続けて「鉄道会社のキャンペーンは国民をミスリードするもの」だと批判した[33]。

また、ロバート・ラフォレット（Robert La Follette）上院議員は、ペンシルヴァニア鉄道が中心となってボルティモア&オハイオ鉄道、ニューヨーク・セントラル鉄道、ペンシルヴァニア鉄道の３社が行ったこの運賃値上げキャンペーンについて、「一方的な内容で発行元も明記されない広報誌が、32誌も発行されて国中に配布された。鉄道各社は、独自の週刊紙も発行し、国内にある２２００紙の新聞に対しても、大きな影響力を持ち、国民に誤った情報を提供し続けた」、とその手法を批判した。たしかに、当時としては驚くべき規模のキャンペーン規模であり、その影響力が容易に想像できる(34)。

さらに、ラフォレットはキャンペーンがＩＣＣに影響を及ぼしたとされる、詳細な分析データを連邦議会に提出した。この中には、ペンシルヴァニア鉄道の広報部門が投函したあらゆる書簡をはじめ、記事掲載された新聞や雑誌が網羅されていた。しかし、現代から見ると、この膨大な量の提出資料はキャンペーンを通してリーのパブリック・リレーション理論がどのような仕組みで実践され、鉄道の利用者や大衆に影響を及ぼしていったのかを、具体的に示す資料だった。上院議員の反発と異なり、キャンペーンは鉄道会社のメッセージを利用者や大衆に効率よく訴えたのである。ラフォレットの意図とは反対に、リーが行った統合的パブリシティ・キャンペーンの影響力を結果的に証明するものとなった(35)。

キャンペーンの勝利とその影響及び評価

１９１４年12月16日、ＩＣＣは委員長の方針転換を受けて、運賃値上げを承諾した。ペンシルヴァニア鉄道の社長は、「この結果は鉄道業界の規制に対する、広範かつ建設的な政策の始まりである」と述べてこの決定を歓迎した。また、ウィルソン大統領が鉄道会社役員委員会に対して、「鉄道は、私たちの産業生活すべてにおける共通の問題であり、業界の現状は共感すべき問題である」と手紙を書いた。このように鉄道会社に対する世論が徐々に変わり始めたのである(36)。

『ニューヨーク・イブニング・ポスト』紙の編集主幹で、ジャーナリストのオズワルド・ギャリソン・ヴィラード（Oswald Garrison Villard）は、「なぜ、鉄道会社が今まで実現できなかったことを、リーが成し遂げることができたのか。私にはまったく理解できない。」とリーの手法に驚嘆する感想を述べている(37)。

また、キャンペーンでリーと対立した荷主側の主任弁護士を務め、後に合衆国最高裁判所判事となったルイス・ブランダイス（Louis Brandeis）は、「もし私が鉄道会社にいたら、彼らと同じことをしただろう」と答えている。リーのキャンペーンは、敵対する立場からも評価されていたのである(38)。

リーがキャンペーンで成し遂げたこと

リーは運賃値上げキャンペーンを実践するために、従来の新聞によるパブリシティ活動に加えて、広報紙やポスター、カードなど新しい独自のメディアを開発した。また、キャンペーンに影響力を持つオピニオン・リーダーたちに、ダイレクト・メールを郵送し、彼らの影響力を活用した。さらに、各地に弁士を派遣して当事者の声で主張を伝えるなど、さまざまな手段を組み合わせた統合的なコミュニケーションプログラムを実践した。

前述したように、アメリカが第一次世界大戦に参戦後にウィルソン大統領が組織し、ジャーナリストのジョージ・クリールが共同代表を務めたＣＰＩの参戦広報キャンペーンは、リーが行った運賃値上げキャンペーンのシステムによく似ている。リー自身はＣＰＩのメンバーではなかったが、ウィルソン大統領や委員のエドワード・バーネイズ、カール・ボイヤーなどはリーと親交があった。また、リーが新聞記者時代だった頃、ジョージ・クリールはマックレーカーとして暴露記事を書いており、ボイヤーはリーの同業者として、リーと同じくニューヨークでＰＲ会社を経営していた。リーと同じ時代を生きていた彼らは、連邦政府を相手に奮闘するリーのキャンペーンに注目し、その実践項目や手法をＣＰＩの参戦プロパガンダに取り入れたと考えても、大きく間違ってはいないだろう。それほど、リーがキャンペーンで実践したさまざまな手法は先見性を持っていた。

第４節　ニューヨーク地下鉄「労使関係改善と運賃値上げキャンペーン」

この事例は、ニューヨークの地下鉄会社が、労使関係の改善と運賃得上げの実現のために、世論の支持が不可欠と判断し、リーに企業広報業務を依頼したもので、1916年4月から1926年まで、途中に第一次世界大戦で中断したものの、約10年間にわたるニューヨークの民間鉄道会社の企業広報事例である。

広報キャンペーンの背景

民間鉄道会社のインターボロー・ラピッド・トランジット（Interborough Rapid Transit：IRT）社は、ニューヨークで地下鉄ならびに路面電車を運営しており、1916年の初めに大規模な従業員ストライキの危機に直面していた。同社は、度重なる従業員ストライキによって多大な損失を被っていたほか、利用者増に対応するための施設投資は遅れ、安全対策も十分に施されていなかった(39)。

IRTは、経営難を解決するために労働組合に対して人員削減と賃金カットを申し入れたが、組合はストライキで応戦しようとしていた。度重なる運転中止や、低い乗客サービスによって、利用者は会社側に反感を抱き、会社は組合と利用者を相手にしなければならなかった。企業経営基盤の改善には利用者からの支持が不可欠と考えたIRTは、リーに同社の広報活動支援を求めた。リーは、最初に労使関係の改善と世論の支持に関する広報プログラムに取り組み、第一次世界大戦による中断後、改めて運賃値上げキャンペーンを行ったのである。

「人間性」に基づく社会心理作戦

最初にリーが行ったのは、ＩＲＴの経営状態を含む現状調査である。労使関係の改善が解決すべき最優先課題であると確信したリーは、コロラド炭鉱ストライキの広報で実践し、成果をあげた従業員向け広報（エンプロイー・リレーションズ）の手法を応用するため、労使双方との注意深い意見交換に基づいた広報計画を作成し、会社側の承認を得た。一方、運賃値上げについては、過去に経験したペンシルヴァニア鉄道はじめとする運賃値上げキャンペーンの成功事例を元に広報計画を実践したのである[40]。

リーは最初に、ＩＲＴの企業イメージ改善に取り組んだ。それはＩＲＴが利用者と同じ人間が働く集団であることを、地下鉄利用者や地元住民、さらには従業員に対して示すことが必要と考えた、その一方で、彼らにＩＲＴの経営状況を正しく伝える必要があった。ＩＲＴは「ヒト・モノ・カネ」に関する限られた経営資源や、運賃改訂に関わる制約条件のもとで、最善を尽くしていること。その中で利益を出さなければ事業を継続することができないことを利用者や地域住民に理解してもらわなければならない。リーは正論を前面に打ち出すだけではなく、大衆心理の基本的な部分に焦点をあてた広報計画を立案した。

リーは、それまで大衆には知性があり、物事を公平に考えることができる、だから理性的に正論を正直かつオープンに発信し続ければ、理解してもらえる、という「革新主義」

写真10. 1906年当時のニューヨーク市マンハッタン
IRTの新たな競合となった路面電車や自動車が道路にあふれている
(ニューヨーク市立交通博館にて筆者撮影)

の考え方に基づいて行動してきた。しかし、コロラド炭鉱ストライキ広報のときはこの理論が通用せず、一般大衆は理論ではなく、感情で行動するものであることを痛感した。

そこでリーは、自身が考える集団心理のことを「人間性(Human Nature)」と定義し、広報計画実践の中心に据えた[41]。たとえば、他者の意見や論拠に対して理論的に矛盾を指摘しても、何も解決しないばかりか、むしろ状況によっては指摘したこと自体で問題が悪化することがある。そのため、リーは理論武装より、より建設的な行動をとるようになった。彼は

「大衆は、自身が感じたことに影響を受ける。世論の感情を作り出すには、我々は彼らに分かりやすく示さなければならない」とＩＲＴに説明し、会社自身の現状を正直に大衆に伝えることを提案した。

キャッチコピーの発案とポスター型広報誌の創刊

リーはＩＲＴのメッセージを大衆に伝えるために、鉄道運賃値上げキャンペーンのときと同様の手法を取った。彼は、会社が発行していたアニュアルレポート（年次報告書）や月次報告書を活用すると共に、配布対象に応じてより適切な情報を伝える工夫をした。

労使関係を改善するための第一歩として、リーは誰もが一目で理解できる、わかりやすいキャッチコピーを作成した。たとえば、従業員のことは「労働者（Labor People）」ではなく、「フル・クルー（Full Crew）」と呼んだ。これは「一心同体の仲間」という意味であり、従業員たちはこの呼び名を大変気に入ったという[42]。また、鉄道施設の破損や老朽化を擬人化し、利用者に現状をより分かりやすく伝えるために「交通が耐えていること（What the traffic will bear）」という表現で、ＩＲＴが抱える問題を、利用者に具体的に示したのである。

この広報活動の中で、リーは自身の広報エージェントとしての経歴の中で、後に最も有名になった広報誌を二つ創刊した。それは地下鉄向けの『サブウェイ・サン（Subway

写真11.『サブウェイ・サン（Subway Sun）』
（ニューヨーク市交通博物館にて筆者撮影）

Sun)』と、その姉妹誌で路面電車向けの『エレベーテッド・エクスプレス（Elevated Express）』である。両方とも、新聞のような見出しとレイアウトで作成し、利用者が容易に理解できる分かりやすい表現で書かれていた。これらは車内には他の広告と並べて掲示し、駅構内では壁新聞のように掲示された。どちらも、リーの事務所が長年にわたって編集と印刷を手掛けた。

この二つの広報誌には、リーは会社側の直接的な意見や主張を掲載しない代わりに、イラストレーションや当時一般的になってきた写真を大きく掲載しながら、利用者が関心を持つ人生訓や、古き良きニューヨークの思い出、ニューヨーク市が主催するレクリエーションの開催施設の情報、そして地下鉄や路面電車のサービス改善に関するお知らせなどを掲載した。利用者はそれらを読むたびに、地元の地下鉄に関心を抱くようになり、これらの関心や興味が会社の評判や信用に影響を与え続けたのである。

広報誌が果たした役割

『サブウェイ・サン』と『エレベーテッド・エクスプレス』には、ＩＲＴの社長からのメッセージも掲載されたが、これは利用者の関心をひくための小話のようなものだった。たとえば、「DANGER」（危険です）や「WARNING」（ご注意）などの見出しに続いて、「駅の警備員は毎日15万回以上、皆様の安全のために『足もとにご注意ください』と声をかけています。その声は聞こえていますか？　ＩＲＴ社長セオドア・ションツ（署名）」といったものである[43]。

また、『サブウェイ・サン』が利用者への啓発活動に貢献した事例もある。それは、乗客が発車間近の車両のドアを手で押さえて、後続の利用者を乗せようとするために地下鉄運行が常に遅れる、という問題が起きていた。『サブウェイ・サン』では、円滑な地下鉄運行には利用者の協力が欠かせないから、このような行為をやめてほしいと、利用者のモラルに訴えた[44]。このように、二つの広報誌は、些細なことを忠告するのではなく、より深刻となりそうな重大な問題に絞って、このような企業広報に利用されたのである。また、両誌では利用者の関心を獲得する手段の一つとして、人物写真を効果的に活用した。リーは、今までのＩＲＴから利用者に向けた声明や連絡事項が、あまりにも事務的であったために、たとえそれが利用者にとって重要な情報であり、地下鉄車両のドアなど彼らの目に付く場所に掲示されていても、関心を示さないだろうと考えた。そこで彼はペンシルヴァニア鉄道で実践し、成功を収めて来た利用者に向けた情報発信手法を採用した。たとえば、社長の署名入りポスターを頻繁に掲示して社長と利用者の関係をより緊密なものにした。また、時刻表や運行スケジュールの変更の告知をカードに印刷して、車内や駅構内にホルダーを設置して配布したのである。

また、従業員のモチベーションを高めることも、労使関係改善の重要なテーマだった。前述したように、リーは従業員を「一心同体の仲間」と呼んで、人間らしい扱いに配慮をみせた。たとえば、地下鉄構内で働く従業員に対して、夏場の暑い時期はパリッとした白のリネン製の制服を支給するよう、会社に交渉して実現させた。

これは、制服支給という待遇改善と同時に、利用者に涼しい印象を与える効果もあった。従業員は『サブウェイ・サン』、『エレベーテッド・エクスプレス』に掲載された社長のメッセージから会社の経営状態や今後の方針を理解し、制服などの待遇改善によって、仕事への忠誠心を取り戻すようになっていったのである。

運賃値上げキャンペーンは成功したのか

上記のようなキャンペーンによって、ＩＲＴはいわゆる「企業の人間化」広報には成功したが、１９１６年以降も運賃値上げは実行できなかった。リーは第一次世界大戦の終了に伴い、ニューヨークに戻り、再びこの運賃値上げに取り組むことになった。

　地下鉄が抱える問題は一層深刻になっていた。それは、ＩＲＴが増え続ける利用者の要求に対応できないことだった。一般的に、民間企業が運営する鉄道会社は、車両の購入やより良い顧客サービスを実現するために、主に運賃の値上げによって投資資金を確保する。しかし、ＩＲＴは民間企業でありながら、ニューヨーク州交通委員会との契約上、運賃は5セントに据え置かれていた。さらにＩＲＴにとって不都合だったのは、１９２０年代に入るとニューヨーク地下鉄の運賃問題は一層、政治的要素が濃くなり、政治家が地元で選挙がある度に、有権者に対して運賃据え置きを主張していたからである。

　ＩＲＴにできることは、会社の危機を利用者や地域住民に継続的に伝え、彼らの理解と支持を得ることで、運賃値上げを実現することだった。リーは新聞向けのプレスリリース、広報誌、ポスター、カードを作成し、運賃値上げの実現のためにキャンペーンを行った。

　１９２６年に行われたニューヨーク州交通委員会で、運賃値上げを審議するために公聴会が開催された。リーは参考人として出席し、委員会の主席法律顧問であるサミュエル・ウンターマイヤー（Samuel Untermyer）の尋問に答えた[45]。結局、このときもリーの努力は実を結ぶことなく、ＩＲＴの運賃値上げは認められなかったが、リーのキャンペーン終了後しばらくして、運賃値上げが認可された[46]。これは、キャンペーンを通して会社の経営状態や問題を訴え続けた結果、大衆の支持を得たことが要因である。リーの広報手法は、人間は理屈では動かず、感情で動くものである点に焦点をあてて行われた、当時としては画期的な事例である。

第3章　不祥事を広報活動で沈静化

企業や資本家が広報エージェントに期待したのは、大衆や新聞社との衝突を解決することである。これは、今日のクライシス・マネジメントであり、いわゆる危機管理広報である。リーは、さまざまな事例をパブリック・リレーションズの手法を通して、この問題を解決していった。

第1節　「ペンシルヴァニア州無煙炭」炭鉱者ストライキの沈静化に貢献

1902年に、ペンシルヴァニア州で「無煙炭」炭鉱者ストライキが起きた。炭鉱会社とその親会社である鉄道会社、炭鉱労働者組合との争いに、ルーズベルト大統領をはじめとする政治家や、鉄道会社を通して炭鉱経営に影響を持つJ・P・モルガンといった大資本家たちの利害、さらにはストライキによる石炭供給不足に対する一般社会の不満が複雑にからみあっていた。このストライキは、アメリカの労働争議史上、初めて政府の介入を招く大規模なものだった。この事例を正しく理解するために、ストライキの背景の詳細を簡単に整理しておきたい。

1902年ストライキの背景

無煙炭とは、最も炭化度が進んだ石炭で、燃焼時に煙や臭いが極めて少ないため、家庭用燃料として普及していた。ペンシルヴァニア州東部に広がる「無煙炭」炭鉱は、19世紀末の時点でアメリカ国内の無煙炭産出量のほぼすべてを占めていた。無煙炭の主な消費地はボストンからニューヨーク、フィラデルフィア、ワシントンといった大都市が集中する東部であり、消費地に無煙炭を輸送する鉄道の役割は重要だった。無煙炭の輸送支配によって利益を得た鉄道会社は、その後独自の炭鉱経営に乗り出し、炭鉱を所有する鉄道会社の多くが、J・P・モルガンなどの銀行グループの元で再編を繰り返した結果、鉄道と炭鉱事業が合体した完全な経営共同体となった。

一方、無煙炭鉱の労働環境は過酷であり、その改善を目指した全米炭鉱労働者組合(United Mine Workers of America、以下：UMW)は1900年8月13日にペンシルヴァニア州ヘイズルトンで大会を開き、12項目の改善要求を炭鉱経営者に送付した。しかし、経営者側はこの要求を無視し、組合側との交渉も拒否し続けた。その結果、UMWは9月17日に最初のストライキに突入した。共和党全国委員会議長のマーク・ハンナ

（Marcus A. Hanna）の介入で、ＵＭＷの要求の一部（10％の賃上げと労働条件の一部改善）を経営者側が受け入れ、このストライキは10月29日に中止された。その後、ＵＭＷ代表のジョン・ミッチェル（John Mitchell）と経営者側代表のエリー鉄道社長のエベン・トーマス（Eben Thomas）との会談で、この調停案の有効期間を１９０２年３月まで延長することで合意し、他の鉄道会社もこれに従った。

しかし、合意後も労使双方に不満がくすぶり続け、１９０２年5月14日に開催されたＵＭＷ代議員会で投票の結果、無期限ストライキが可決されたのである。ＵＭＷはペンシルヴァニア州の炭鉱労働者約15万人を擁して、労働環境改善を求めるストライキを敢行した。

ストライキの長期化による無煙炭価格の高騰は、家庭燃料として無煙炭を使用する多くの国民にとって死活問題となりつつあった。石炭需給に不安を感じた世論に応えるために、この問題を収拾したい考えたルーズベルト大統領は、ＵＭＷ代表のミッチェルと主だった炭鉱経営者を10月３日にホワイトハウスに呼び、ストライキ収拾の和解調停案を示した。しかし、経営者側は調停案を拒否したばかりか、大統領に連邦軍を現地に派遣し、ストライキ中の炭鉱労働者を排除するよう求めたのである。

これに対し、ルーズベルトは、経営者側に対して政府による炭鉱の一時的な経営権取得という非常手段を突きつけ、彼らに調停に応じるよう圧力をかけた。経営者側代表の

J・P・モルガンは、経営者側の同意を取り付けて、10月13日にワシントンでルーズベルトに会い、大統領が任命する強制力のある仲裁委員会の設置を含む連邦政府の調停案を受け入れ、ストライキは解決の方向に向かった。しかし経営者側にとって、組合要求の多くを受け入れることになり、敗北に終わったのである[1]。

炭鉱会社がパーカー&リー社と契約

1905年、UMWは新たな要求を掲げてストライキ敢行の準備を進めていた。フィラデルフィア&リーディング鉄道社長であり、炭鉱会社の経営側代表を務めていたジョージ・ベーア（George F. Baer）は、1902年当時の苦い敗北を覚えていた。彼は、第三者から紹介を受けてリーを広報担当者として採用し、パーカー&リー社は事態収拾のために、炭鉱会社の広報業務を企画実践することとなった[2]。

リーが広報業務を引き受けた時点で、炭鉱会社が直面していた課題は、次の2点である。まず、会社が記者との良好な関係を築けていないため、会社の立場や見解が報道されず、労働組合に比べて世論の支持が低かった。しかも、社内には記者に対応できる専門家がいなかった。リーは、これらの現状を踏まえて次の対策を立てた。

リーはベーアと協議し、炭鉱会社が「アイビー・リーを会社の公式広報代理人（エージェント）として採用し、すべての会社の声明をリー経由で新聞社に配信すること。リーは記者の質問にすべて答え、必要な情報を提供する」という内容の会社声明を作成し、新聞社に発送することを認めさせた。また、パーカー&リー社として『原則の宣言』を作成し、上記の声明文と共に新聞社に発送し、この案内における、広報エージェントの立場と責任を明確にしたのである[3]。

リーが「私は経営者側に雇われてはいる」が、その仕事は「経営者の権利や主張の代弁者ではない」と述べているように、広報エージェントが経営者と労働者のどちら側でもなく、双方の通訳や交通整理をする第三者的な存在であることを明確にしている。また、経営者側の広報エージェントが、情報開示や情報提供の全権を持つことが保証されており、業務を実践するうえで理想的な形態といえる。第2章で詳しく見たように、『原則の宣言』ではこれらを裏書きしている。

リーは代理人としての最初の仕事として、会社の公式声明（ステートメント）に経営側代表7名から構成される炭鉱経営者委員会の署名を入れ、それをほぼ毎日、新聞社に発送した。声明には、重要な社内会議や組合との交渉の議事録が含まれた。議事録は会議終了後その場で作成され、ただちに声明として新聞社に発送されたものもあった[4]。この声明の重要な点は、リーの発案で炭鉱会社の経営陣の署名が入っていることである。このため、内容に対する信用が担保され、記者の信用を勝ち取ることができたのである[5]。

リーの広報手法の効果

リーは、元新聞記者として、何がニュースになるか、記者は何を必要としていたかを、自身の経験から理解しており、彼らが従来は入手不可能だった情報を、そのまま記事化できるような体裁にして、声明として提供した。これは記者の取材・編集作業の軽減に貢献した。

さらに、声明を継続的に送付することで、会社側の考えや事実を記者に正確に伝えることができた。記者は、会社の声明ならびに組合や政府の声明を元に、会社・組合どちらにも偏らない、平等かつ公平な記事掲載をすることができた。大衆は新聞記事を読むことで会社・組合双方の言い分を知ることができ、公平な世論形成に貢献した。また、会社の記事やコラムの掲載が増えたことで、従業員に対する情報提供にも貢献した。

現代企業広報の原点

リーにとって、炭鉱ストライキの広報業務は会社に自分を広報代理人に認めさせ、自身が考えた企業広報の理想と広報エージェントの役割を実践できる貴重な機会ととらえていた。

彼は、記者に対して正直でオープンに対応し、彼らが必要と思う情報を可能な限り提供し続けた。これは、リー自身が新聞記者として、企業からの取材拒否や情報収集の困難さを体験していたからであり、企業自らが劣悪な取材環境を改善すれば、記者との良好な関係を築くことができると考えていた[6]。

『原則の宣言』はまた、企業と大衆の間の関係に画期的な変化をもたらした。今まで、「大衆は愚かだ」と考えて情報発信を拒んでいた企業経営者が、リーが行った無煙炭鉱ストライキ広報活動の成果を見て、「大衆は知らされるべきだ」という考え方を受け入れるきっかけとなったのである。『原則の宣言』はその後も長年にわたりパブリック・リレーションズの基本姿勢を示すものとなり、21世紀の今でも広報エージェントにとっての行動規範となっている[7]。

第２節　鉄道脱線事故のクライシス広報：プレスリリースの実用化

１９０６年10月28日に発生したペンシルヴァニア鉄道の脱線事故では、鉄道会社がはじめて新聞社に事故の情報を公開し、継続的かつ迅速な対応を行ったもので、「クライシス・マネジメント」広報の先駆けと考えられる。

リーが事故発生から毎日作成し、新聞社に配布した広報資料が世界で初めてのプレスリリースだと一般的に紹介されている。しかし、19世紀半ばにはアメリカ大統領や連邦政府が公式見解を発表する、公式声明（ステートメント）は使われており[8]、声明を発表する仕組み自体はリーの発案ではない。しかし、彼は一定の仕様（書き方・構成）をもって、継続的に情報を資料として新聞社に届けるという、企業が発信する現代型のプレスリリースを初めて実用化したのである。

また、リーがペンシルヴァニア鉄道と広報顧問契約を交わしたのは、事故発生5ヵ月前の1906年6月だったのも重要なことだった。なぜなら、事故発生までの5ヵ月間がリーにとって社内を理解し、広報活動する上で極めて重要だったからである[9]。これは、広報担当者にとって、社内の事情に精通すると同時に、マネジメントとの良好な関係を築く必要性を示すものであり、現代の企業広報担当者にとっても重要な点である。本節では、リーの鉄道事故広報の手法を分析する。

鉄道業界の現状と連邦政府の規制強化

19世紀に入り、急速に進む工業化と市場の拡大、地方から都市部への人口移動を支えるために、アメリカ国内では鉄道路線が発達した。連邦政府は、鉄鋼や石油会社同様、民間の鉄道会社の経営についてその独立性を完全に認めていたが、その規模が大きくなるにつれて、事業独占や多額の利益を得ることに対して、政府内やパブリック（利用者）の中に、公共機関や公共施設の民営企業経営に対する批判が急速に高まった。

なかでも、鉄道はその議論の中心であり、連邦政府議会や州議会は新たな法令の制定を通して、企業同士の安易な買収合併（Ｍ＆Ａ）や不平等な運賃設定を防ごうとした。さらに、新聞や利用者は鉄道会社の貧弱なサービスや運賃制度の欠陥、頻発する事故の対応を非難した。

当時の鉄道会社は、事故が発生しても情報開示を行わず、記者の取材を拒否するか、記者に無料乗車パスを渡すなどして記事掲載を止めさせようとしていた。また、新聞社は詳しい情報が入手できないために憶測で記事を書いたため、不正確な内容の記事を読んだ大衆は鉄道会社に対する不満を高めていった。

連邦政府は１８８７年に成立した州際通商法（Interstate Commerce Act）に基づいて、州際通商委員会（Interstate Commerce Commission：ICC）を設立し、国内の鉄道運賃是正を行う権限を与えた。１８９０年に制定された「シャーマン反トラスト法」は鉄道会社の合併・統合を制限しようと試みたものだが、鉄道業務の規制に関する法律として成果をあげることはなかった[10]。

１９０６年に連邦議会は「ヘップバーン法」を成立させた。これによりＩＣＣの規模や権限が拡大され、ＩＣＣは「公正で適正な」運賃の策定する権限を持つことになった。今までの法案では、鉄道会社の不平等な運賃大系を阻止できなかった[11]。しかし、ヘップバーン法によって無料乗車パスの供与を無効にし、リベートに対する法制強化を行い、鉄道

STATEMENT BY PENNSYLVANIA.

Dead Not More Than 57—Wreck's Cause a Mystery.

PHILADELPHIA, Penn., Oct. 28.—At 10:30 o'clock to-night the Pennsylvania Railroad issued a statement showing that according to information received here, not more than fifty-seven of the eighty persons on the train lost their lives in the Atlantic City accident. The statement said:

"Electric Train No. 1,065, consisting of three coaches, which left Camden at 1 P. M., left Pleasantville on time, and running at about twenty miles an hour, left the rails at the west end of the drawbridge over the Thoroughfare, near Atlantic City, about 2:25 P. M., and plunged into the water. The first two cars were entirely submerged, and the third car partly submerged, with the rear end resting on the cribbing under the drawbridge.

"The drawbridge was found properly closed and locked, the signal showing a clear movement. The track was in good condition, and until the cars can be raised out of the water it is not possible to determine the cause of the accident. It was necessary to procure divers before the train could be raised, and these are now working on the wreck. Divers not being available in Atlantic City, they had to be procured from Camden and Philadelphia.

"General Manager Atterbury with a force of assistants is on the ground, and every effort possible is being made to remove the cars from the water and recover the bodies. It is hoped, with the removal of the cars, that a critical examination of the equipment can be made so that the cause of the accident may be determined. All possible effort is being made to learn the names of the passengers on the train. The bodies, when recovered, are being placed in charge of undertakers to await identification.

"The equipment of the train was entirely new, having been in service but a few weeks, and is believed to have been perfect in every particular. The train had, leaving Pleasantville, seventy-nine passengers, of whom twenty-three have been accounted for as being safe. It is believed that several more escaped.

"The motorman, Walter C. Scott, was drowned. The conductor, J. O. Curtis, and the brakeman, R. B. Wood, escaped. Eleven bodies have been recovered, only one of which, that of an employe, James Dempsey, foreman of Car Inspectors at Camden, has been identified."

The New York Times
Published: October 29, 1906

写真12.
『ニューヨーク・タイムズ』紙
1906年10月29日号（筆者所蔵）

会社に炭鉱を所有している大企業からの独立を要求した。

ＩＣＣや法律規制への対応に苦慮していた、ペンシルヴァニア鉄道の社長アレクサンダー・Ｊ・カサト（Alexander J. Cassatt）は１９０６年5月、パナマを視察中のリーに連絡を取って面談の後、パーカー&リー社と広報顧問契約を結んだ。ペンシルヴァニア鉄道は、政府や大衆対応のためにリーを広報エージェントとして雇い入れたのである(12)。

脱線事故の経緯とリーの対応

リーの広報顧問契約から約5ヵ月後の１９０６年10月28日、ペンシルヴァニア州ギャップ近郊のメイン線で鉄道列車脱線事故が発生した。ペンシルヴァニア鉄道は当初、従来の

ペンシルヴァニア鉄道の声明
死者は57名以上にならず
――不可解な脱線原因

ペンシルヴァニア州フィラデルフィア発―10月28日午後10時30分、ペンシルヴァニア鉄道はアトランティック市で発生した事故で、乗客80名のうち死亡者は57名以上いない、との声明を発表した。

声明によれば、「午後１時にCamdenを出発し、Pleasantvilleを定刻に通過した３両編成の電車1,065号は、約20マイルを走った１時間後、アトランティック市近郊のThoroughfareにある跳ね橋を西に通過した午後２時25分ごろ、水面に落下した。先頭車両と２両目は完全に水没し、３両目は一部が水没したが、最後尾は跳ね橋の下にはさまっていた（以下略）」

習慣に基づいて事故に関するすべての情報を公開しない方針だった。

しかし、リーは事故の状況を把握すると、社長のカサトを説得して事故に関する情報非公開の社内決定を覆し、鉄道会社の費用負担で記者を個別に事故現場に招待すると共に、彼らに情報収集や写真撮影まで許可した。

また、リーは事故発生当日の10月28日から、事故に関する公式声明（ステートメント）を毎日発表した。当時は、まだプレスリリースという呼び方ではなかったが、プレスリリースを実用化した最初の事例である。公式声明の効果は絶大で、たとえば『ニューヨーク・タイムズ』紙は10月29日付の紙面で、リーが書いたプレスリリースを一字一句そのまま掲載している。ニューヨーク・タイムズ紙をはじめ新聞各社は、リーが配信したペンシルヴァニア鉄道のプレスリリース（声明）を、一字一句そのまま掲載した。当時の新聞各社事件事故報道も速報性を競っていたため、リーは記者がプレスリリースの見出しや本文をそのまま活用できる内容と文体にして配信したのである（写真12）。

一方、ペンシルヴァニア鉄道の事故発生とほぼ同じくして、同社の長年のライバルであるニューヨーク・セントラル鉄道で事故が発生した。セントラル鉄道は従来の方針に固執し、事故に関する情報非公開に徹した。ペンシルヴァニア鉄道が方針転換をしたことを知っていた新聞記者たちは、この対応を知って憤慨し、社説やコラムでセントラル鉄道の行動を批判する一方で、ペンシルヴァニア鉄道の対応を賞賛したのである[13]。

企業のＣＳＲ活動のさきがけ

事故以降，リーはペンシルヴァニア鉄道の企業広報活動にも幅広く取り組んだ。それは，同社が鉄道業務に加えてさまざまな公共サービスを提供しており，これらがいかにパブリック（地域住民，利用者）に貢献しているかを紹介するものだった。

たとえば，鉄道沿線の農民に対する土地改良や農作物の生育に関する教育機会の提供，鉄道事業に関心を持つ若者の就職トレーニング，鉄道沿線の住民向けの大学教育奨学金制度，ＹＭＣＡクラブ施設建設，鉄道労働者向けのクラブハウス建設，退職者向けの住居建設，年金制度，退職プラン支援など，鉄道会社が手掛ける多種多彩なサービス事業を情報公開したのである[14]。また，これらの情報は新聞社に送付されたのに加えて，従業員の家庭に郵送したり，駅や車両内部にポスターとして掲示されて，鉄道利用者に直接伝えられた。

リーがペンシルヴァニア鉄道で行った広報活動は，現代のコーポレート・コミュニケーションズの重要な業務のひとつである「企業の社会的責任（Corporate Social Responsibility：CSR）」そのものであり，従業員広報（エンプロイー・リレーションズ）の先駆けである。１００年以上前から，リーは鉄道会社のＣＳＲを企業広報の一環として企画実践していたと考えられる。

米国内の鉄道各社も、リーがペンシルヴァニア鉄道で行った広報方針を採用していった。その結果、各社は今まで情報を隠すことで競い合っていたのが、情報開示という良い意味で競争するようになった。

良い広報担当者や良いパブリック・リレーションズとは、記者たちに無料パスを渡すことではなく、彼らが記事作成に必要な情報を提供し、良好な取材環境を提供することである。また、プレスリリースやインタビューを通して、企業が自身の立場やストーリーを自らの言葉で語ることも必要である。それによって、記者は事故の被害者や目撃者情報だけでなく、鉄道会社の見解を含めたバランスのよい記事を書くことができる。

さらに、大衆は両者の見解を併記した記事を読むことで公平な見方ができ、その結果鉄道会社に対する批判的な見方を改めた。鉄道会社は、このような実体験を通してパブリック・リレーションズの重要性や効果を理解・認識したのである。

第3節　ロックフェラー家のブランド・イメージ構築

コロラド炭鉱従業員ストライキは、「ラドローの虐殺事件」として現代パブリック・リレーションズの中で特に注目を集めるクライシス・マネジメント（危機管理）の広報事例であり、非常時におけるトップマネジメント広報の重要性を証明した事例である。当時、リーは無煙炭炭鉱ストライキや鉄道事故広報の成功によって、広報エージェントとしての名声を確立していたが、前述したようにペンシルヴァニア鉄道の社長補佐として、1913年から1914年は鉄道運賃値上げキャンペーンの最中であり、鉄道会社と掛け持ちでこの事例に取り組んでいた。本節では、リーが実践した広報業務の詳細と、その効果を検証する前に、コロラド炭鉱経営会社の筆頭株主だったジョン・D・ロックフェラー・シニアの人物像と、ロックフェラー家ブランドを、より信頼できるものにするために、リーが果たした役割について考察する。

ロックフェラーの人物像

現代アメリカの成長を支えたのは、鉄道をはじめ鉄鋼や石油、金融といった産業であり、成長の過程で桁外れの大成功を収めた企業家が現れた。たとえば、鉄道のコーネリアス・ヴァンダービルト（Cornelius Vanderbilt）[15]、鉄鋼のアンドリュー・カーネギー（Andrew Carnegie）、金融のJ・P・モルガン、そして石油のジョン・D・ロックフェラー（1839年7月8日～1937年5月23日、以下：シニア）である[16]。

シニアは、オハイオ州クリーブランドで1863年に第1号の石油精製所を設立後、事業が急成長し、1880年代までに全米の石油事業の約90％を傘下に収めるまでになった。彼のスタンダード石油社は、油井から産出した石油を最終顧客に販売するまでの、一貫した産業のエコシステムを構築した先駆けであった。シニアは、1882年に創設した「スタンダード石油トラスト」によって、より巨額の利潤を得たが、彼はその利益を鉱山、山林、鉄道、銀行などさまざまな分野に投資し続けた。コロラド争議の当事者のCF&I社も、企業投資先の一社である。

ロックフェラー家はこれから詳しく述べるコロラド争議、特に「ラドローの虐殺」事件によって、大衆から感情的な反発を受けたが、リーのコロラド争議の広報活動は成功を収め、シニアはリーに強い関心を抱くようになった。リーの助言は「家族と同じくらい、父にとって価値がある」ものと考えたジュニアが、シニアにリーの助言を聞くように勧めた[17]。ロックフェラー家にとって、リーは単なる広報担当者以上の役割を果たす存在となったわけである。

1915年1月1日、リーはペンシルヴァニア鉄道を正式に退社し、シニアの個人事務所のスタッフに就任した[18]。リーは、なぜジュニアの依頼を引き受けたのだろうか。おそらく、シニアはリーが新聞記者時代から見てきた、パブリック・リレーションズのカウンセリングを必要とする、伝統的な企業経営者の典型で、治しがいのあるクライアントだと思ったのだろう。

シニア自身は、厳格なキリスト教バプティスト派の信者である。酒もタバコもやらず、家族に規律を求め、引退後も毎日規則正しい生活を過ごしていた。また、働き始めた10代のころから寄付を続けており、彼は収入の中から多額の寄付を、協会や他の事前活動に行っていた。引退後は、石油産業に費やしたその才能や行動哲学を慈善活動に費やし、生涯にわたって５億５５００万ドルもの寄付をロックフェラー財団経由で行った。彼の伝記『タイタン』には、スタンダード石油社時代のシニアのエピソードが数多く紹介されており、彼は社員や家族に対して極めて温厚で礼儀正しかったとある(19)。しかし、彼はスタンダード石油社や自身をはじめロックフェラー家に対する不満や非難に対して、まるで何も聞こえていないかのように沈黙を守った。引退後の寄付や慈善活動自体、リーが関与する１９２０年代まで公に知らされていなかった。

シニアの沈黙と世論の怒り

１８９７年、ジョン・ロックフェラー・シニアは事業のほとんどを長男のジュニアに譲って引退し、残りの人生を慈善事業に費やした。しかし、マックレーカーにスタンダード石油社時代の強引な事業の暴露記事を書かれ、ロックフェラー財団の資金源は「汚れた金」だと批判を受けるなど、自身の「ブランドイメージ問題」に悩まされていた。

アメリカの一般大衆にとってシニアとは、その強引な企業経営手法から「泥棒男爵(Robber Baron)」や、「大ダコ」のイメージだった。アイダ・ターベルが『マクルーア・マガジン』誌に１９０２〜１９０４に連載した「スタンダード石油の歴史」や、トーマス・ローソン（Thomas Lawson）が１９０４年に『エブリバディ（Everybody's Magazine）』誌に連載した「汚れた金」（Frenzied Finance）といったシニアに対する批判記事は、多くの読者から支持されていた[20]。

たとえば、「汚れた金」にはスタンダード社が反トラスト法違反で罰金を命じられたときの、シニアの振る舞いが書かれている。罰金の知らせを受けた時、シニアはゴルフ中だった。罰金が２９２４万ドルだと知らされた後も、平然とプレーを続け、しかもこの日がベストスコアだったというのである[21]。

ジュニアは、父の態度が本人ならびにスタンダード石油社にとっても良いことではないと憂慮し、１９０５年にスタンダード石油社は『ニューヨーク・ヘラルド（New York Herald）』紙元編集長のＪ・Ｉ・クラーク（J.I. Clark）を会社の広報顧問として採用した[22]。

クラークが加わるまで、スタンダード社はほとんど広報対策をしてこなかった。たとえば、19世紀末に同社副社長のジョン・D・アーチボルド（John D. Archbold）による、議員買収疑惑が報道されると、数千ドルを費やしてその掲載誌をすべて買い占めた。しかし、この買占め自体がさらなる反発を招き、新たな批判記事が掲載された。スタンダード社は苦境に立たされても、効果的な対策を行うことができなかった[23]。

ロックフェラー家の評判を変えた寄付活動の公表

リーは、「シニア＝冷酷な金儲けの亡者」から、「シニア＝家族を愛し、隣人を愛し、国を愛するひとりの人間」というイメージへの改善のために広報活動を開始した。最初に行ったのは多額の寄付に関する広報である。

シニアは数多くの寄付活動をしていたが、リーはその中からジョン・ホプキンス大学への寄付を選び、プレスリリースした(24)。これは、ロックフェラー家の慈善事業を初めて公式に紹介したもので、配信後に記事が掲載された。リーはジュニアに寄付のような情報は、今後も新聞発表する価値があると手紙を書いている(25)。

しかし、リーはすぐに寄付や慈善活動に関する発表や記事掲載の危険性に気づいた。それは、寄付報道によって、シニアやロックフェラー家が寄付を自慢しているとの印象を与えるからだった。リーは、シニアに対して今後はロックフェラー家からプレスリリースするのではなく、寄付を受けた側がその事実を自発的に公表するというルールに変えると伝えた。リーは、この仕組みが長期にわたってシニアのイメージ改善とブランディング構築に貢献するものだと考えたのである(26)。

10セントのチップがシニアのイメージを変える

シニアは、晩年になって10セント硬貨をチップとして配っていた。しかし、この行為の発案者はリーではなくシニア自身といわれている。孫のデイヴィッド・ロックフェラー（David Rockefeller）によれば、「祖父は、ゴルフコースや教会、散歩中の道端などでたまたま出会う相手にも、親密な関係を築くために小銭を渡していた」。この行為は堅苦しい雰囲気をほぐし、相手を安心させるのに役立ったようである[27]。

リーはこの習慣をニュースとして、「現代アメリカにおいて、最も高い名声を確立したジョン・D・ロックフェラーは、無慈悲な泥棒男爵ではなく、陽気で親切な善意あふれた老人である。」という、イメージ作戦を始めたのである。

ブランド構築における広報の貢献

リーやクラークのパブリック・リレーションズは機能し始め、ロックフェラー家に対するパブリシティはその内容が改善され始めた。しかし、リーはシニアに関する記事に誇大宣伝や誇張された表現がなかったか、内容や表現が見苦しい自己宣伝になっていないか、シニアが特定の新聞社をひいきし、単独インタビューに勝手に応じていないかなど、常に注意を払い、クリッピングして報告書を作成していた。このようなリーの態度は、多くの記者との信頼関係構築に役立ち、プレスもシニアに関して正確な記事を書くようになっていった[28]。

この結果、シニアならびにロックフェラー家、スタンダード石油社に関する報道は、抑制の利いた正確なものに変わっていった。リーの「シニアのイメージ改善」を目的としたメディア・リレーションズは成果を出し始めたのである。

しかし、シニア本人が記者に対する態度を本当に変えたかは疑問である。彼は依然として記者に対して疑い深く、彼らとは表面上親しげに付き合っただけだった。

ではなぜ、シニアはリーの助言を受け入れ、それに従ったのだろうか。これは、ジュニアがコロラド炭鉱ストライキ広報以降、リーを信頼し、長男であり跡継ぎとして父にリーの助言を受け入れるよう説得したことが大きい。

また、リーがシニアの性格や仕事の流儀をよく理解していたことも、両者の関係に良い影響をもたらした。シニア自身もリーを信頼し、彼との良好な関係構築を望んでいたことも考えられる。リーは、シニアについて判断力に優れた人物だが、自分から発案して何かを作り出すより、誰かの提案に対して正しく判断し、指示することができる人物とみていた。だから、リーは他の人と違って、シニアに何かを提案する時は、反対意見や代替案も提示した。いかなる問題であってもその両面を提示されると、シニアはすばやく正しい判断をしたという[29]。シニアとロックフェラー家は、リーの助言によって、徐々に今までの沈黙の態度を変えていったのである。

シニアが1924年にジュニアにあてた手紙では、リーに対する信頼を次のように述べている。「ときどき気がついた新聞のいくつかの中に、私が寄付を始めたことに関する記述があることを知った。（中略）私は、リー氏によって、寄付が私のビジネスキャリアのすべてである、という事実が正しく広まっていくと考えている。」(30)

1915年末に、リーは自身のPR会社設立のために、ロックフェラー家専属広報を辞めた。しかし、コロラド炭鉱ストライキ広報を通して、ロックフェラー家と深い関係を築いた。これは、ウォール街に代表される企業社会からリーに対する高い信用をもたらすこととなり、彼は多くの企業や業界団体から広報業務を引き受けることになる。

第4節　コロラド炭鉱ストライキ：労使紛争の背景と解決

ジョン・D・ロックフェラー（シニア）は、1902年に600万ドルでコロラド燃料&鉄鋼（Colorado Fuel & Iron、以下：CF&I）社の40％の株式と43％の債権を取得し、同社の筆頭株主となった。CF&I社は当時コロラド州最大の炭鉱会社で、炭鉱が24ヵ所あり、州内で最も多くの従業員を抱えていた。実は、シニアが筆頭株主になる前からCF&I社は赤字であり、その後も赤字経営が続いたため、彼は経営陣の刷新をはじめ、労働組合活動への規制を強化したのである[31]。

一方、労働者たちは相次ぐ鉱山事故に対する会社の対応や、不衛生な生活環境などに不満を募らせていた。全米炭鉱労働者組合（以下：UMW）は、彼らの労働組合結成を支援し、1913年7月には労使双方の対立が決定的となった。そして、1913年9月23日に約9000名の炭鉱労働者が、労働組合の承認、労働時間短縮、昇給、居住条件の改善を求めてストライキに突入した[32]。

炭鉱労働者とその家族は、CF&I社が用意した住居に住み、会社が経営する食料品店で買い物をし、会社が運営する娯楽施設で過ごすなど、生活のすべてを会社に依存していた。しかし、ストライキが発生すると、CF&I社は住居を含むすべての施設から労働者家族を追い出した（いわゆるロックアウト）。労働者たちは敷地外にテントを張り、野宿生活を始めるなど、生活環境は一変して厳しいものとなった。このテント村（キャンプ）が一番密集していたのがラドローである[33]。

シニアは、ストライキ対応を長男のロックフェラー・ジュニア（以下：ジュニア）に任せ、ジュニアはCF&I社会長のラモント・バウアーズ（Lamont M. Bowers）と社長のJ・F・ウェルボーン（J.F. Welborn）に現地対応を命じた。バウアーズとウェルボーンは、UMW及び炭鉱労働者に強硬手段で対応し、妥協することは一切考えていなかった。

操業停止に追い込まれた会社側は、武装強化してロックアウトを続け、UMWに支援された組合側は武器を調達し、双方の武力衝突は時間の問題となった。1913年10月以降、小規模な武力衝突が始まった。1914年4月20日、キャンプで発砲（爆発）事件が発生し、女性12名、子ども2名が死亡する「ラドローの虐殺」事件が起きた。UMWはこの惨劇の原因は経営者側にあるとして激しく非難した[34]。事件が報道されると、ロックフェラー家のニューヨークの自宅前には、新聞報道を見た多くの人たちが集まり、シニアに対する襲撃予告がでるほど、抗議活動は過熱した。ロックフェラー家はこの状況を打開する必要があったのである[35]。

ちなみに、ロックフェラー・シニアの伝記やラドロー事件の先行研究の中には、虐殺はなかったと記しているものがある[36]。「組合側の300名以上の武装集団が州兵を襲撃し、これに応戦」した発砲事件があったことは事実である。しかし、コロラド州当局や現地関係者によれば「この銃撃戦で撃たれた女性や子供はひとりもおらず、犠牲者14名の死亡原因はテントの床下に掘った、約4平方メートルほどの大きさの穴に隠れていたために、窒息死した」だった[37]。事件の詳細は、さらなる調査検証を待たなければならないが、本書は事件後の会社に対する批判に対する広報業務を、リーがどのように行ったかに注目して検証を進める。

ロックフェラー家に対するリーの助言

事件発生以降、シニアはＣＦ＆Ｉ社の筆頭株主として激しい批判や誹謗中傷にさらされたが、彼は自身の考えを説明し、反論しようとはしなかった。なぜなら、彼にはそのような行動をする意思（広報マインド）がなかったからである。シニアには多くの助言が寄せられたが、それらの多くは広告宣伝に関するものばかりだった。そのような状況の中で、ジュニアから相談を受けたジャーナリストのアーサー・ブリスベン（Arthur Brisbane）が、彼にリーを広報顧問に雇うよう推薦した[38]。ブリスベンは、新聞記者としてリーと『ニューヨーク・サン』、『ニューヨーク・ワールド』両紙で同僚であり、リーを良く知る人物である。

事件発生から１ヶ月が経過した１９１４年5月、ジュニアがリーに面談を申し込んだ。ジュニアはリーに「父と私は、記者や大衆についてよく理解していない。どうすれば、私たちの立場を明確に伝えることができるだろうか」と助言を求めた[39]。それに対して、リーは問題解決のために「遅かれ早かれ、嘘は暴かれる。真実を述べ、自らの見解を全部率直に公表すること」と助言した[40]。ジュニアは、リーのこの助言を受け入れて、事故対応の広報スタッフとして彼を迎え入れることにした。シニアはリーの助言を聞いたとき、「私は、初めて率直な助言を聞いた」と感謝の言葉を述べたという[41]。リーは１９１４年

リー氏がコロラドの真実を執筆
状況説明のため、J.D.ロックフェラーJr.に雇われる

12月8日、デンバー発、本日行われた炭後者ストライキに関する連邦議会産業委員会の調査において、コロラド燃料&鉄鋼社の社長を務める、J･F･ウェルボーン氏の証言によれば、ペンシルヴァニア鉄道の役員補佐を務めるアイビー･L･リー氏が、「産業の自由を求めたコロラド争議の真実」の著者だったことが判明した。
ウェルボーン氏は、リー氏から彼の名前を明らかにしないようにとの電報を受け取り、コロラド燃料&鉄鋼社が発行した広報誌の著者の名前を公表してこなかった。電報には、リー氏がJ･D･ロックフェラーJr.に雇われたことが書かれていた（以下略）。

LEE WROTE 'COLORADO FACTS.'

Employed by J. D. Rockefeller, Jr., to Make Situation Clear.

DENVER, Dec. 8.—Ivy L. Lee, executive assistant of the Pennsylvania Railroad, was the author of "Facts in Colorado's Struggle for Industrial Freedom," according to the testimony of J. F. Welborn, President of the Colorado Fuel and Iron Company, given at today's session of the Industrial Relations Commission's investigation of the coal miners' strike.

Mr. Welborn, who previously had protested against revealing the name of the author of the pamphlet issued by the Colorado Fuel and Iron Company, read a telegram from Mr. Lee releasing the company from its pledge to keep his identity secret. The telegram gave the information that Lee had been employed by John D. Rockefeller, Jr.

In his telegram Mr. Lee said that Mr. Rockefeller had been impressed with what he alleged was inaccurate information of published statements concerning the strike, and had asked him to prepare a statement of the facts. Mr. Rockefeller had had nothing to do with the preparation of the matter used.

Mr. Welborn then read into the records the date lines and signatures of a mass of correspondence between himself and John D. Rockefeller, Jr., Starr J. Murphy, Jerome D. Greene, Frederick C. Gates, and J. H. McClement, for the most part members of the Directorate closest in touch with the Rockefeller interests.

The correspondence began about the middle of 1914 and concluded about a month ago. It contained suggestions from the Eastern Directors as to the course of the strike, publicity, the probable modification of the truce proposition by President Wilson, cashing of militiamen's certificates of indebtedness, statements on the strike situation, and forecasts of the company's actions in future disputes.

The New York Times
Published: December 9, 1914

写真13.
『ニューヨーク・タイムズ』紙
1914年12月9日号（筆者所蔵）

6月から7ヵ月間にわたり、ペンシルヴァニア鉄道の運賃値上げキャンペーンに取り組みながら、多忙な時間の合間をぬってコロラド炭鉱争議の広報業務に取り組んだのである。

リーの広報計画

リーは、鉄道運賃の値上げキャンペーンと同様の手法を実践しようと考えた。それは、新聞社や炭鉱労働者をはじめ、地域住民、政府・政治家、オピニオン・リーダーなどの利害関係者（ステークホルダー）に対して新聞に加えて、独自メディアを通してCF&I社からのメッセージを発信し続けるというものである。

リーは、ジュニアに広報誌の創刊を提案して承認された。広報誌は、『産業の自由のためのコロラドの戦い（The Struggle in Colorado for Industrial Freedom）』と名づけられた。一方、組合側は『ラドローの虐殺』と名づけたパンフレットを発行して対抗した[42]。広報誌は、炭鉱会社の経営方針、ストライキに対する社長メッセージなど、さまざまな情報を提供することで、利害関係者との議論の機会を提供しようとした。広報誌には、読者が経営者側の考えや経営に理解を示し、好意的な感情を持つことができるよう工夫され、経営者たちもリーの助言に基づいて寄稿した。

広報誌は会社側の「真実」を伝えるために機能するはずだったが、その内容の一部に重大な間違いがあった。たとえば、ストライキの指導者たちに組合から支払われた1年間分の報酬金額を、9週間分として支払われたものとして紹介し、ストライキの首謀者はこれほどの高給取りだったとの記事を掲載した[43]。また、ラドロー虐殺事件の原因は発砲によるものではなく、テントのストーブの火が引火したものだったとし、さらにはUMWに在籍していた伝説的な指導者のマザー・ジョーンズ（メアリー・ハリス・ジョーンズ、Mary Harris Jones）が、以前売春宿で働いていたという悪意あるゴシップまで掲載した[44]。その結果、広報誌はリーの思惑通りの効果を発揮することができず、まちがいだらけの広報誌の信用は失われ、編集責任者として原稿を執筆したリーも厳しい批判にさらされた。CF&I社の社長J・F・ウェルボーンはじめ現地の経営陣は、炭鉱者ストライキの発生以降、大株主のロックフェラー家ならびに広報顧問のリーに対して、非協力的な態度を取り続けた。その結果、「ラドローの悲劇」を引き起こすなど、争議が長期化したのである。

リーの発案で広報誌を発行することになったが、CF&I社の社内に編集発行業務を担当できる人材はおらず、ロックフェラーJr.の依頼でリーがニューヨークで、執筆・編集から印刷・納品まで、すべてを代行していた。

現地情報はウェルボーンなどから入手する以外手段がなかったリーは、彼らの情報を信じて編集したものの、誤解や労働者を中傷する記事を掲載する結果となり、広報誌は評判が悪かった。広報誌の編集内容をめぐって批判の矢面にたたされたウェルボーンは、リーを悪者に仕立てたのである。

このような間違った現地情報やゴシップ情報は、バウアーズはじめCF&I社幹部がジュニアやリーに提供したものだった。リーにとって痛手だったのは、最も頼りとしていたメディアの理解と協力を得ることが難しくなったことである。当時のリーとメディアの関係を示す事例がある。広報誌第11号の「メディアはストライキをどう扱ったか」という特集のために記者会見を開催し、合計３３１名の記者に招待状を送った。しかし、出席したのは14名、記事掲載にサインしたのは11名だった。しかも、この11名はすべて炭鉱会社の資本系列にある新聞社で、リーの要請に応えたのは炭鉱会社のお抱え記者ばかりだった[45]。

ジュニアは、バウアーズら現地幹部の嘘の報告に悩んだ。その後、炭鉱会社の経営者から送られてくる情報に慎重になり、リーにペンシルヴァニア鉄道の広報アドバイザーの仕事から少しでも離れて、コロラドの視察をするよう、改めて依頼したのである。その後、ジュニアは労働問題の専門家で、後にカナダ首相となるマッケンジー・キングを労働組合対策として雇い、キングはリーと共に炭鉱労働者とのコミュニケーション活動（現在のエンプロイー・リレーションズ）に取り組んだ[46]。

現地視察で分かった真実とリーの対応策

リーは1914年8月に休暇を取り、コロラドを訪問した。これはジュニアの依頼に応えると共に、CF&I社幹部の誤った情報に振り回された争議問題の核心を自ら調査するためだった。彼はコロラド州各地の炭鉱に続いて、スタークヴィルとラドローのキャンプを訪れ、宿泊施設で炭鉱の監督者や炭鉱労働者と昼食を共にした。また、労働者の妻や軍の司令官、炭鉱経営者、政治家、コロラド市民に会い、意見交換や情報収集を通して、現場の状況を詳しく調査した。

リーはジュニアにレポートを送り、バウアーズやウェルボーンが送ってきたレポートの情報には偏見や誇張があったこと、二人には労使関係の管理に対する積極的な態度が見られないことを報告した。また、コロラドの現状を踏まえ、「できるだけ早く、争議を解決するための包括的な計画立案とその実践が一番重要だ」とジュニアに助言した。加えて広報誌の送付先に現地の弁護士や聖職者などのオピニオンリーダーを追加したいと報告している。

リーがコロラドを訪問した中で最も重要なのは、彼がウェルボーンやバウアーズと直接会い、従業員や社会に向けた幅広い広報政策を認めるよう説得したことである。リーは、この問題の核心は賃金に対する不満ではなく、双方向のコミュニケーション不足にあるとし、「彼ら（ウェルボーンやバウアーズ）は、従業員たちの不満や抗議を恐れていたために、彼らと正面から向き合うことをしたかった」とジュニアに報告している。彼は、「両者の間には明らかな分断があり、従業員たちの抗議に対する対策が会社側にはなかった」として、危機管理広報の必要性を感じていた(47)。

労働者と向き合い信頼を取り戻す

リーはまずポスターを作成し、各炭鉱に掲示した。ポスターにはストライキ中に従業員が示した会社に対する忠誠心への感謝と共に、ストライキはもうすぐ終わること、炭鉱の採掘量に関する事実と情報を紹介し、ストライキの影響を踏まえた、経営状況を説明した。また、会社はすべての労働者を平等に扱いたいとの考えを示し、不満や苦情があれば知らせてほしいと書かれていた。

リーはまた、小冊子を労働者の自宅に送るよう助言した。これは、社員が社内報を持ち帰ることで、家族も会社のことを知ることになり、家族が社員と共に企業への理解を共有する、という現代の社内広報効果の狙いと同じである(48)。

１９１４年12月までには組合活動も下火になり、８ヵ月で争議は終了し、組合の投票の結果、労働者たちはストライキを終了した。リーの広報誌とポスターは「労使間の大きな議論」を作り出すという目的を達成し、世論は労使双方の意見に耳をかたむけ、意見は労使どちらかに偏ることなく、中立に向かったのである。

争議終了後、合衆国労使関係委員会（Commission on Industrial Relations）が、1915年1月にこの争議の調査のために公聴会を開催した(49)。委員会はコロラドの争議の原因調査というより、混乱した炭鉱産業の状況を明らかにする格好の事例と判断し、参考人として会社・社員双方から9名を集めた(50)。

公聴会の議長は、フランク・P・ウォルシュ（Frank P. Walsh）上院議員だった。彼は社会改革派の弁護士出身で、ロックフェラー家を執拗に追求してきた人物である。リーとマッケンジー・キングは、公聴会でジュニアが相当厳しい質問を受けるだろうと想定し、アメリカの労働組合の歴史から炭鉱ストライキに関する想定質問まで、可能な限りの準備を行った。リーは、ジュニアに対して責任逃れや釈明など、今までの行動に対してやましいところがあったような振る舞いは、絶対してはいけないと助言したのである。

たとえば、公聴会が開かれる会場（ニューヨーク市役所）に到着したら、どの扉から会場に入るかが議論になった。ジュニアのスタッフが混乱を避けるために裏口から入ることを勧めたのに対して、リーは「裏口から入る時代は終わった。ロックフェラー氏は他の人々と同じドアから、堂々と入らなければならない」と建物の正面から入ることを主張した(51)。リーが公聴会準備のためにジュニアに行ったことは、現在のメディア・トレーニングそのものであった。

1915年9月、ジュニアはリーの助言に従い、マッケンジー・キングと共にコロラドを訪問した。これは、ロックフェラー家の広報活動において、画期的なできごととなった。ジュニアは2週間炭鉱キャンプに滞在し、リーの助言に従って会社直営店でデニムのプルオーバーを購入し、労働者と同じ服装を着て食事をし、彼らの自宅を訪問し、妻や子供たちに会い、社交的な集まりにも参加した(52)。

ニューヨークに戻ったジュニアは、リーのコンサルティングの下で今回の経験を講演し、雑誌への寄稿や本を執筆した(53)。これらのテーマの中心は、資本家と労働者との間には、より個人的な関係作りが必要である、というリーのパブリック・リレーションズに対する考え方が反映されていた。

コロラドでの成果とリーが犯した過ち

リーにとって、コロラド炭鉱ストライキ広報は手痛い失敗を重ねた一面もあった。その一方で、最も成功したのは、ロックフェラー家のパブリック・リレーションズに対する考え方を変えることができた点である。シニアは、ジュニアに当主の座を渡した後も社会に対して沈黙を続け、人目を避ける生活を続けた。しかし、1900年代は大富豪家の当主に、今までのような生活や態度を認めなくなった。だから、ジュニアは「真実を話せ」というリーの助言の意味を理解し、よりオープンな姿勢で大衆の前に出て、彼らに誠意を持って接し、自らの言葉で語りかけた。「ラドローの虐殺」事件後、ジュニアの現地訪問が実現したのは、リーの最大の成果である。

また、広報誌やポスターの作成は、労使関係の改善に貢献をしたことは間違いない。しかし、広報誌の掲載内容に間違いが多く、組合やプレスからの反発を招いたのは、これは彼のキャリアにおいて、初めての大きな失敗だった。これは、『原則の宣言』に書かれた内容とほど遠いものである。

リーはジュニア側の参考人として1915年1月の公聴会に出席した。公聴会でのリーの発言内容が新聞で報道されると、詩人カール・サンドバーグ（Carl Sandburg）からは「雇われたうそつき」と批判され、アプトン・シンクレアには「毒薬アイビー（Poison Ivy）」というニックネームをつけられた[54]。このニックネームは人々の記憶に長く残ることになった。

この事例でのリーは、今までの成功から比べると拙さを感じざるを得ない。しかし、リーにとってコロラド炭鉱ストライキの広報は、ペンシルヴァニア鉄道の脱線事故広報のときとは状況が異なっていた。なぜなら、コロラド炭鉱の案件を引き受けた時、彼は鉄道運賃値上げキャンペーンに取り組んでいた時期であり、しかもストライキが発生して半年以上、ラドローの虐殺事件から2ヵ月経過していたのである。事件・事故広報の時ほど、迅速な対応が求められるのだが、この条件はリーにとってあまりにも不利なものだったといえる。

また、記者や大衆から見ると、リーは企業（ロックフェラー家）にかなり近い立場の人物だと疑われても仕方がなかった。リーは、広報エージェントとは「企業と世論の間の通訳者であり、両者間に双方向のコミュニケーションを作るのが仕事」だと言っていたが、彼がコロラド炭鉱ストライキで行った広報活動はその言葉と矛盾している。

こうした問題はあったものの、「コロラド争議はロックフェラー家にとって、かつてない最も重要なでき事」であり、これを乗り越えたジュニアは、ストライキにおいて果たしたリーの広報コンサルティングへの感謝を述べている。またリーは、ロックフェラー家と仕事をしたという事実に加えて、企業経営者たちからその仕事ぶりに対する賞賛を得た。その結果、リーは民間企業や業界団体から広報業務を数多く引き受け、またロックフェラー家専属広報エージェントになり、１９２０年代にかけて、アメリカで最も成功した広報エージェントとなったのである。

第4章　PRの父としての業績の評価

リーに対する評価は、その相手と彼との関わり方によって、正反対なものとなっている。たとえば、コロラド炭鉱ストライキにおけるリーの広報活動は、ジャーナリストからは「毒薬アイビー」や「金持ちの子分」などと批判された[1]。一方、ロックフェラーと親交のある企業経営者やウォール街の銀行家からは、労使紛争を収め、企業とクライアント（ロックフェラー家）を救った広報エージェントとして評価された。

リーの評価は、『原則の宣言』からコロラド炭鉱ストライキまでの、1905年から1915年ごろまでは、プレスならびにクライアントなどほとんどの関係者から肯定的な評価を受けて、現代アメリカにおける広報エージェントの中で、最も尊敬と名声を受ける立場となった。しかし、コロラド炭鉱ストライキ広報でのいくつかの失策や、第一次世界大戦後のグローバル広報活動におけるソ連ならびにナチス・ドイツ政府との関係は、彼の評価を落とす要因となった。

本章では、最初にリーがパブリック・リレーションズの概念形成に貢献した3つの実績を紹介した後、記者、同業者（広報エージェント）、クライアント、パブリック・リレーションズの研究者による、リーへの肯定的否定的の両面から、リーの評価を紹介する。

第１節　現代パブリック・リレーションズの概念形成に貢献した３つの実績

第１章で述べたように、リーが広報エージェントとして活躍したのは、現代アメリカが急成長を続けていた時代であり、企業や経営者は旧来型の広報エージェントでは対応できなくなり、大衆への説明責任や取材への対応といった新たな問題に直面していた時代である。今まで、企業や経営者たちは大衆の批判や不満に対して沈黙や無視が一般的な態度だった。しかし、マックレーカーの暴露記事や連邦政府の規制強化に対する声明発表や反論など、大衆に対する対応が不可欠となり、パブリック・リレーションズは重要な企業経営の一業務となった。また、「トラブル・シューティング」や「危機管理（クライシス・マネジメント）」に対する効果的な手法も急務となっていた。

リーは、企業や経営者の不正が摘発され、マックレーカーが次々に暴露記事を公開し始めたころ、ニューヨークで新聞記者を務めていた。最後に所属した『ニューヨーク・ワールド』紙では、ウォール街を担当しており、銀行家をはじめ多くの企業経営者が暴露記事の餌食になっていくのを見ていた。彼は、企業や経営者は大衆に対して自分たちの考えや意見を代弁する者が必要であり、自分こそがその仕事に相応しいと考えていた。

リーは、炭鉱ストライキと鉄道脱線事故におけるパブリック・リレーションズ業務の中で、今日の広報エージェントが実践している手法やその理論を作り出し、現代パブリック・リレーションズの概念形成に貢献したと考えられる。初期のリーの行動の中で最大の貢献は、次の3点である。第1は、『原則の宣言』を発表し、広報エージェントならびにPR会社を定義したこと。第2は、事故広報においてプレスリリースを初めて実用化し、企業が新聞はじめマスメディアに情報提供する手段やその仕組みを確立したこと。第3は、当事者間と敵対するのではなく、「双方向コミュニケーション」を原則として広報活動を行うことである。これらの3点を考慮しながら、リーに対する評価を分析する。

第2節　記者・同業者・クライアント・研究者の評価

『原則の宣言』はそれまでの広報エージェントの業務スタイルを否定し、記者と企業との関係を対等なものとするために、広報エージェントがその仲介役になることを宣言したものである。20世紀初めには、金銭や無料乗車券といった便宜を図ることで記事掲載を要求する、旧来型の広報エージェントたちがまだ活躍していたので、便宜供与や金銭授受といった手法を使用しないという宣言は、画期的なことだった。

記者はリーをどう評価したか

『原則の宣言』は、広報エージェントが情報を隠蔽する仕事から、情報を公開するという職業に進化していく上で、多大な影響を与えた。エリック・ゴールドマンは『原則の宣言』によって「大衆は知らされることになった」と評価している[(2)]。

編集者・記者の専門誌である『エディタ＆パブリッシャー』（Editor & Publishers）誌は、「今まで、広報エージェントがクライアントの代表として、記者に正直なコメントを伝えることはなかった。しかし、パーカー＆リー社は情報提供のために金銭を支払うことはなかった。彼らが提供する情報は、常に正確で信頼できるものであり、新聞社の編集責任者は提供された情報に疑問を抱くことはなかった。」と、リー達の取り組みを高く評価している。

『ニューヨーク・ワールド』、『ニューヨーク・ミラー（New York Mirror）』紙の記者だったヘンリー・プリングル（Henry F. Pringle）は、後年おびただしい批判を浴びたリーについて、それもすべて企業のスポークスパーソンとして、パブリック・リレーションズの仕事を成し遂げたい、という意欲が招いたものだったと述べ、リーの活動全般に理解を示している[(3)]。

また、プリングルはリーが主催した記者会見の様子をこう語っている。「ロックフェラー、シュワブ、クライスラーに会いたければ、彼はその要求を断らなかった。彼は、すべての記者を会見に招待し、参加者全員を紹介してから会見を始めた。会場では発表資料が用意されていた。質疑応答では、リーは今日の発表内容のうちのいくつかは、残念ながら秘密情報であるなどと話した。」ちなみに、記者を一箇所に集めて会見を開く形式は、リーが1920年代に初めて行ったもので、現代の記者会見の先駆けといえる(4)。

同業者（広報エージェント）の評価

リーは当時の若い広報エージェントにとって〝憧れ〟だった。第一次世界大戦時のCPIに参画後、自身のPR会社「カール・ボイヤー・アンド・アソシエイツ」社をアメリカ有数のPR会社に育てたカール・ボイヤー（Carl Byoir）は、リーの仕事ぶりを賞賛し、同業者の中で最高の職業PRマンとして尊敬していたという(5)。

また、リーの講演集『パブリシティ』は、彼のパブリック・リレーションズ理論を学ぶ教科書として、同業者に広く読まれていた。「ヒル・アンド・ノウルトン」社の共同創業者ジョン・W・ヒル（John W. Hill）は、リーの『パブリシティ』に影響を受けたひとりで、「ニュースの管理は単に広報エージェントの仕事だけではなく、実際に会社の政策決定に密接に関係しているものだ」、「PRの仕事は単に話すだけでなく、実行することや行動することだ」というリーの考えに強く印象づけられたと述べている(6)。

一方、広告業界の業界誌『プリンターズ・インク（Printer's Ink）』誌は、パブリック・リレーションズ（広報）のことを「スペースの分捕り」と評し、その手法は「手品、詐欺、騙し、でたらめそのものだ」とまで書いて、広報エージェントやＰＲ会社を批判した[7]。つまり、当時の広告業界人の多くは、パブリック・リレーションズと広告の違いや、広報エージェントの仕事について、充分な知識も理解もなかったのである。

しかし、広告エージェントの中には、この批判に同意せず、リーに賛同する者もいた。たとえば、ハーバート・エヴェレット（H. Everett）は、１９２５年に『パブリシティ』を読み、「私はあなたの本を読み、これとあなたの見解に１００％賛成する（中略）。私は広告界で著名な６人ないし８人のグループの議論を聞いていたことがあるが、私の驚いたのは、彼らの怒りがあなたとあなたの仕事についての誤解に基づいていることだった」という内容の手紙をリーに書いている[8]。

クライアントの評価

リーは亡くなる１９３４年までの30年間、現代アメリカのパブリック・リレーションズ業界の最前線にいた。１９２０年代に、広報エージェントとして名声の頂点に達していたリーの報酬額が記録に残っている。彼の伝記『Courtier to the Crowd』によれば、アメリカン・タバコ社の社長ジョージ・ワシントン・ヒル（George Washington Hill）は、リ

写真14.『Publicity』(原本、1925年)
「PR博物館」にて筆者撮影

ーに年間4万ドルの報酬を払ったが、その内訳は1万ドルが彼の会社への広報業務委託費で、残りの3万ドルは彼との個別カウンセリングの時間に対してだった。ちなみに、1920年当時の米1ドルは、物価上昇を考慮すると2015年時点の12ドルに相当する。ヒルはリー個人との面会のために、現在の価値で36万ドル相当の費用を支払っていた。また、ベツレヘム・スチール社の社長チャールズ・シュワブは、リーが助言した毎日の業務管理手法に2万5000ドルを支払っている(9)。この助言は、現代でもPDCAといった経営手法と共に紹介されており、トップマネジメント広報や経営コンサルティングの草分けとしても注目されている。

アメリカ経済史学者のリチャード・テドロウは、リーを20世紀初めに「PRに品位を与えた男」と評している。たとえば、リーは確かな情報の裏付けのない記事掲載は欺瞞であるとし、そのような質の悪い記事掲載を行う企業や経営者は、大衆からその程度の評価や扱いを受けることを、新聞記者時代から理解していた。20世紀のアメリカは、企業や経営者が大衆に説明責任を果たす時代であり、質の高い記事掲載こそがその企業の価値を決める時代であり、そこに、リーの広報エージェントとしての価値が生まれたのである。マックレーカーたちに暴露記事を書かれた企業や経営者たちは、リーに助言を求め、彼は「企業にとって大衆は信頼に足りうる存在であり、経営者は事実を大衆に知らせることで、利益を得ることができる」と助言したのである(10)。

リーは、状況を分析及び調査して問題を特定し、クライアントに行動を促すと共に、「事実」を伝えてプレスと良好な関係を作り出し、クライアントに関する公平かつ好意的な記事掲載を実現した。こうした個別仕様のサービスは、クライアントから賞賛されたのである。

たとえば、リーに鉄道事故広報を依頼したペンシルヴァニア鉄道の幹部が、サザン・パシフィック鉄道の友人に書いた手紙の中で、次のようにリーを評価している。「去る6月、われわれの主張を公衆に知らせる、いわば『防御』策をとるときがきたとの結論に達したので、（中略）われわれの監督下でわれわれの仕事をする（中略）パブリシティ会社と契約した。6ヵ月の試用の形で契約し、のちに6ヵ月延長の契約更新をした。これまでの彼らの仕事はきわめて満足すべきものである。」[11]

リーが最大のクライアントとなったロックフェラー家と知り合うきっかけは、前述したように『ニューヨーク・ジャーナル』紙の元同僚記者アーサー・ブリスベンが、ロックフェラー・ジュニアにリーを広報エージェントとして推薦したことだった[12]。後に、ジュニアはリーに対する自身の信頼について、ニュージャージー・スタンダード石油の社長に「リー氏は広報代理人以上の人物だ。さまざまな方針問題についても助言を仰ぐ人のひとりである」と述べている[13]。

たとえば、リーとロックフェラー家との深い関係を示す逸話がある。コロラド炭鉱争議が一段落した後、ジュニアはリーに以前失敗に終わったロックフェラー・シニア公認の伝記作成プロジェクト再開と、ライターの人選をリーに依頼した。リーが『ニューヨーク・ワールド』紙の記者で古い友人のウィリアム・イングルスを紹介し、さらにリー自身が伝記プロジェクト管理を一任されたのである[14]。

また、1929年10月に起きた株価大暴落の後に、リーはシニアに、市民の不安や混乱を沈め、彼らを勇気づける声明（プレスリリース）を出すよう助言し、シニアはこの提案を受け入れた。さらに、ニューヨークの中心地に建設中の高層ビルの名称を「ロックフェラー・センター」にするよう、渋るシニアを説得したのは、リーを中心とする顧問団だった。「ロックフェラーセンター」の名称は、結果として「ロックフェラー」ブランドを高めることとなった(15)。このようにリーとロックフェラー家の間には、強い信頼関係が築かれていたのである。

研究者の評価

カトリップは、リーについて、「今日のＰＲ実務の土台づくりに大きな貢献」をしたばかりか、彼が現代でも通用しているパブリック・リレーションズのさまざまな技法と原則を生み出したと評している。カトリップが指摘するように、リーが成し遂げた最も重要な点は、「ＰＲエージェントの仕事の範囲を、単なる代理業から新しいビジネスの専門顧問の地位にまで高めた」ことであり、パブリック・リレーションズが専門職として認められ、ビジネスとして成り立つことを証明し、業界発展に貢献したのである。

また、ポール・アージェンティ（Paul Argenti）は、晩年のリーが「自身の仕事は企業が方針を作る際の手助けと同時に、それを他者に伝えるときの手助けである」、と強調していたことに関連して、「これはパブリック・リレーションズの仕事に新たに課された重要な役割であり、今日のコーポレート・コミュニケーションの専門家が取り組んでいるテーマである」とし、リーの先見性を評価している(16)。

リーが『原則の宣言』を発表した当時、プレスはその内容を賞賛し、リーの行動に期待した。無煙炭炭鉱ストライキや鉄道事故広報では、リーの活動によってクライアントに好意的な記事が掲載された。しかし、リーが広報エージェントとして活躍するにつれて、記者から彼に対する不満や批判がでてくるようになった。それは、プレスとクライアントの間にリーが介在することで、当事者同士が自由に直接コミュニケーションできなくなったからである。詳細は次節で分析するが、リーは「プレスからクライアントを守る緩衝材（クッション）」となっていた。

いずれにしても、広報エージェントが企業（クライアント）と記者、及び大衆との間に入るという役割は、20世紀初頭のアメリカにおける新しいコミュニケーション・スタイルとして確立したものであり、現在まで続く広報・ＰＲ業界の一般的な業務スタイルとなった。

第３節　バーネイズなど他の広報エージェントとの比較

リーと並んで「ＰＲの父」と称されるエドワード・バーネイズ（Edward Bernays）は、リーと異なり、後世で高く評価されている。リーは、これだけ先進的なＰＲ手法を開発していながら、今日の評価はそれほど高いとはいえない。１９２０年代に、両者が広報エージェントという仕事について、どのような考え方をしていたかを検証すると、その要因が理解できる。リーは、自分やバーネイズがいなくなったら、真のパブリック・リレーションズもなくなってしまうだろうと、悲観的に考えていた。しかし、バーネイズは将来のパブリック・リレーションズの大いなる将来性を信じており、パブリック・リレーションズという職業を権威づけ、後世に伝えようと、さまざまなことを試みていた。リーはどのような広報エージェントだったのか。さまざま角度から彼の仕事の進め方や取り組み方を検証する。

リーの仕事の流儀

リーは生前、広報エージェントとしての仕事のほとんどを「書くこと」に費やした。それらはプレスリリース、広報誌やパンフレット、ポスター、ダイレクト・メールであり、新聞への寄稿や講演原稿だった。しかし、パブリック・リレーションズに関する専門書は1冊も執筆しなかった[17]。エドワード・バーネイズが１９２３年に『Crystalyzing Public Opinion（世論を結晶化する）』を出版したとき、リーもパブリック・リレーションズに関する書籍の出版に意欲を見せたが、結局は出版に至らなかった。現在、パブリック・リレーションズに関する彼の理論や考察、そのときどきの感情の動きを知ることができるのは、クライアントと交わした書簡のほか、業界団体の総会での講演録などである。

リーはいわゆる職人タイプの広報エージェントで、自分が最後までやらなければ気がすまないタイプだった。彼のＰＲ会社は兄弟や新聞業界の元同僚など、信頼できる人間で構

成され、すべてのスタッフはリーの考えのもとに行動した。たとえば、スタッフが書いたプレスリリースを、リーが一字一句校正するほどだった[18]。

また、リーはクライアントに対して明確に批判や反論を必ず行うよう助言していたにもかかわらず、自分に対する批判や誤解に対して、反論した記録は見つからない。たとえば、第5章で検証するI・G・ファルベン社の広報業務を引き受けた結果、ナチス政権との関係を疑われ、『ニューヨーク・タイムズ』紙が「ドイツのスパイ」という汚名をかぶせたのに対しても、リーはまったく反論しなかった。

写真15.
「PR博物館」に掲示されているバーネイズの肖像画
（筆者撮影）

一方、バーネイズは、CPI（広報委員会）参加後、数多くの民間企業の広報宣伝活動を手掛けた。彼は広報エージェントとして活動するばかりでなくニューヨーク大学で初のパブリック・リレーションズの講座を持ち、専門家育成に尽くしたほか、『世論を結晶化する』や『Propaganda（プロパガンダ）』など、数々の著作を執筆した[19]。彼の著作は世界中の人々に読まれ、特にプロパガンダや広報手法の理解と実践のための教科書となった。たとえば、ナチス政権初の国民啓蒙・宣伝大臣となったパウル・ヨーゼフ・ゲッベルスが『世論を結晶化する』を所有していたことが知られている。プロパガンダを活用して、ユダヤ人を弾圧したナチス・ドイツの宣伝相が、ユダヤ人だったバーネイズの著書からその理論や実践方法を学んでいたとしたら、皮肉なことである[20]。

筆者は、修士論文作成に必要な資料調査のため、２０１５年6月にニューヨーク市立大学バルク・カレッジ内のパブリック・リレーションズ博物館を訪問した。そこには、リーの小さな写真がパブリック・リレーションズ史の一部として展示されてはいた。しかし、壁には晩年のバーネイズの大きな肖像画が掲げられていたのである。この差が現時点でのリーとバーネイズに対する広報業界の立ち位置を示しているのだろうと思ったのである。

エドワード・バーネイズのＰＲ手法

次に、リーの広報手法との比較のために、バーネイズの人物像とその広報手法を整理してみたい。彼は、「同意を得るための技術」と自身が呼んだ世論の形成とその操作手法を、他者に先駆けて実践したことで知られる。精神分析学者で精神科医だったジグムンド・フ

写真16.「PR博物館」
マンハッタンのミッドタウンにあるニューヨーク市立大学
バルク・カレッジ内にある。（筆者撮影）

ロイトの甥であるバーネイズは、早くから社会心理学を活用したPR手法に注目していた[21]。

バーネイズは1891年オーストリア・ウィーン生まれで、リーよりも14歳若い。彼はコーネル大学で農業を専攻し、1912年に卒業後はジャーナリストの教育や経験がないまま医学業界の専門誌『メディカル・レビュー・オブ・レビューズ』誌と『栄養・衛生』誌で働き始めた。

彼はジャーナリスト自体にそれほど関心がなく、イベントプロモーションやパブリシティと広告宣伝を組み合わせた仕事に興味を見出した。そのきっかけは、1913年にニューヨークで行われた舞台劇『ダメージド・グッズ（きずもの）』の広報宣伝だった。この作品は、性病に感染したことを隠そうとする人々の姿を描いたもので、当時の社会状況ではこのような内容の劇を上映するのは困難であり、主催者にとってニューヨーク市の公園許可の取得や、不足する制作費の確保と支援は急務だった。バーネイズは、『ダメージド・グッズ』の作家ユージン・ブリオー（Eugene Brieux）に『メディカル・レビュー・オブ・レビューズ』での特集記事を提案するとともに、興行の成功を支援する後援者の組織化や寄付活動を企画実践した。バーネイズの努力が実り、上映は成功に終わった。これがきっかけとなり、彼は雑誌編集者から、イベント・プロデューサーとして活動を始めたのである。

この演劇の興行成功の経験を経て、バーネイズは演劇『足ながおじさん』の広報エージェント兼イベント・プロデューサーとして活動し始めた。また、イタリアの著名なテノール歌手のエンリコ・カルーソー（Enrico Caruso）がアメリカ公演を行ったときは、個人的な広報エージェント業務に関わり、各地でパブリシティ活動を行った(22)。その後、バーネイズはダメージド・グッズの広報宣伝活動中に培った人脈を通して、連邦広報委員会（ＣＰＩ）の一員となっている。

バーネイズとプロパガンダの関係

バーネイズはプロパガンダのパイオニアとも評されるが、彼がプロパガンダ手法に本格的に係わったのは、第一世界大戦へのアメリカ参戦に向けて国民の賛同を得るために、ウッドロー・ウィルソン大統領の下で国民を参戦キャンペーンに誘導した連邦広報委員会

写真17. 『Crystalyzing Public Opinion』（1923）
『Propaganda』（1928）
『Public Relations』（1945）（筆者所蔵）

（CPI、通商：「クリール委員会」）への参加がきっかけである。バーネイズは、CPIでパンフレット制作など、実働部隊の一人として活動した。参戦に対する国民の理解と支持を高めるために行われた、さまざまな活動への従事を通して、彼はプロパガンダに対する理解とその手法を学び、その活動を通じてプロパガンダの効果に注目した。こうした体験を経てバーネイズは、第一次世界大戦終了後、企業の製品広報や業界団体の広報活動成功のため、パブリックを動員するさまざまなプロパガンダを企画実践するようになったのである。なかでも有名なのは、アメリカン・タバコ社のために行った女性の喫煙による販売促進キャンペーン「自由のたいまつ」である。これは、タバコの女性市場開拓のために、公の場で女性が喫煙することへの偏見問題を、行進という表現で大衆に問いかけたイベントである。1929年4月11日（復活祭）、ニューヨーク市マンハッタンの中心地である五番街を、女性俳優たちが女性解放の象徴であるタバコを手に持ち、吸いながら行進した。アメリカン・タバコ社は匿名でこのイベントを協賛し、バーネイズはイベントの統括プロデューサーを務めた[23]。

バーネイズは１９２３年に『世論を結晶化する』、１９２８年に『プロパガンダ』を執筆し、プロパガンダに対する否定的な考え方を改めるために、政治活動以外の導入事例とその効果を紹介し、プロパガンダの普及に大きな影響を与えた[24]。

また、リーと違ってバーネイズ自身は記者との関係構築に熱心ではなかったようで、「私はこの50年間、一度も記者に電話したことがない」とも語っている。彼は１９２０年代以降、新聞や雑誌といった従来の紙メディアに加えて、映画、ラジオという新しいメディアを活用し、統合型のコミュニケーション活動に取り組んだ。バーネイズにとって、大衆は理性ではなく、感情で動くものであり、大衆の感情を上手に統制するために、プロパガンダの手法を数多く実践したのである[25]。

バーネイズが『プロパガンダ』で紹介している、自身の経験を踏まえたプロパガンダの効果的な手法は次のとおりである。

①　目的を明確化せよ。
②　徹底的に調査を行え。
③　調査で得られた結果に基づいて目標に修正を加えよ。

④戦略を立案せよ。
⑤テーマ、シンボル、宣伝文句（キャッチフレーズ）を決めよ。
⑥その戦略を実行するために（第三者による）組織を立ち上げよ。
⑦タイミングと具体的なやり方を考えよ。
⑧プランを実行に移せ。

これらは、現代の企業広報・製品広報を含むマーケティング・コミュニケーションの基本理論としても通用するといえよう[26]。

リーとバーネイズの相違点

リーとバーネイズの最大の共通点は、パブリック・リレーションズによって世論を形成し、それと同時に一般大衆の行動を変えることができる、と考えていたことである。さらに、二人とも広報エージェントはクライアントの政策に対して発言する権利がなければならない、と信じていた。事実、リーはロックフェラー・シニアに対して建設的な助言ができる唯一の第三者だった[27]。

一方、二人の違いは、リーが新聞記者出身で最後までそのキャリアで培った職業倫理にこだわったのに対して、バーネイズは業界誌の記者を短期間務めたとはいえ、そのキャリアには固執せず、ブロードウェーの演劇プロモーションに自身の活路を見出し、広報キャリアを始めたところにある[28]。また、リーは『原則の宣言』にあるように、プレスや世論に対して正直で、オープンで、正確に情報を伝え、パブリシティを通して相手に影響を与え、動かすことを行動の基本とした。

一方、バーネイズは演劇プロモーションや製品キャンペーンの成功を通して、分析や調査に基づいて、パブリック（大衆）の心理を研究し、対象を絞り込み、その対象に最も効果的なメッセージを作り出す工夫をした。彼は、「ジャーナリストの非難が顧客を引きつけ、危険な威嚇が大なり小なり有効だと顧客は判断する」と書き残しているように、成功のためなら少々手荒なことをしても構わない、という考え方だった[29]。

また、バーネイズの手法は「ビリヤードのボールのようだ」とも言われた[30]。それは、ターゲットに直接接しなくても、何かの影響を受けて、最後にはその相手に影響が波及する手法が、ビリヤードのようだと例えられたのである。

バーネイズはあるクライアントから自分とリーとの違いを尋ねられ、「リーの仕事はアート（芸術）だが、私のやり方はサイエンス（科学）である」と答えている。リーは自らの職業すなわち広報エージェントという仕事の形は、自分一代で終わる技法だろうと考えていた[31]。つまり、テーラーメイドのようなやり方が、リーのパブリック・リレーションズだった。一方、バーネイズはパブリック・リレーションズとは「群集心理」および「大衆の反応」に関する現在発展中の科学だと定義した。彼は、広報エージェントを弁護士や医師と同様に、専門職としての相応しい身分にしようと努力していた。たとえば、今まで「パブリシスト」や「プレス・エージェント」などと呼ばれていた職業を、前述したようにバーネイズは「広報カウンセル（Public Relations Counsel）」と名づけた。広報カウンセルは彼の造語で、1923年に著した『世論を結晶化する』のなかで初めて使用したものである。元々法律業界の専門用語である「カウンセル」を持ち出して、仕事に権威づけしようとしたところに、バーネイズのこだわりが見て取れる[32]。

さらに、パブリック・リレーションズという職業にニューヨーク州の資格制度導入を提唱し、1927年には悪質な営業を一掃するため、アメリカ医師協会と同様の公的団体を設立しようと運動した。この運動は失敗に終わったが、このようにバーネイズは専門職としての広報エージェントの権威付けや地位向上に、取り組んでいた。

現代では、広報コンサルタントという職業名も見受けられるが、カウンセル（カウンセラー）とコンサルティング（コンサルタント）の違いは明確ではない。しかし、一般的にカウンセルは「さまざまな心理療法を用いながら、クライアントの過去に何があったのか、そしてそれが現在にどのように影響しているのかを、共に深層心理まで探しに行き、今問題となっていることを見つけ解決する」ことである[33]。この行為を行う専門家をカウンセラー（カウンセル）と呼ぶので、バーネイズの手法はカウンセルと呼ぶに相応しかったのだろう。

ちなみに、19世紀以降、アメリカの広報専門家は、自らを「プレス・エージェントリ」（Press Agentry）やパブリシスト（記事掲載代理人、Publicist）と称していた。リーは、１９０２年に新聞記者から広報エージェントに転進した当初は「クライアントの広報代表者（Press Representative）」、後にペンシルヴァニア鉄道の広報を担当していたときは「パブリシティ・マネジャー」、「広告代理人」、「広報エージェント（PR Agentry）」、「パブリシティ・マン」などと名のっていた(34)。これは、リーが自身の職業名に対してこだわりがなかったか、特定できなかったのどちらかだと考えられる。しかし、元同僚記者に「企業の内科医」と称されたことを、最後まで気に入っていた(35)。

『世論を結晶化する』が出版されて、広報の専門家たちは「広報カウンセル」を一般的に使用するようになった。現代では「広報エージェント（PR Agent）」が一般的な呼称であり、最近は「広報コンサルタント」も増えている。これは、マッキンゼーのようなコンサルティング会社の呼称が一般的になったからと推測される。

前述のとおり、バーネイズは広報に関する著作を執筆し、１９２３年にニューヨーク大学で初めての広報の講義を行い、さらに多くの大学で広報や広告に関する講義を、わずかな報酬で引き受けていた。また、バーネイズは多くの大学にパブリック・リレーションズに関する学部や講座を作ったといわれている。彼は「講座の大きさや報酬の額は問題ではなく、最も権威あるアメリカの教育制度である大学と、自身の職業が関係付けられることが重要なのだ」と語っている[36]。

広報エージェントという職業の認知

１９６０年代以降になると、広報エージェントという職業は尊敬されるべき価値があるものと位置づけられ、また確かな収入を得ることのできる職業として、ジャーナリズム専攻の学生がパブリック・リレーションズを就職先に選ぶようになった。これはバーネイズの長年の努力の賜物だといえるだろう。１９９０年には、『ライフ』誌がバーネイズを「20世紀の最も重要な１００人のアメリカ人」の一人に選出したことからも、彼の影響力がうかがえる。

リーは、広告とパブリック・リレーションズの区別のなかった20世紀初めに『原則の宣言』を作成した。彼の手法の基本は、利害関係者間の根本的な調整であり、パブリック・リレーションズと広報エージェントの初期における概念形成に貢献した。一方、バーネイズは１９２０年代以降、ＣＰＩでの経験と心理学手法を積極的に取り入れながらリーの概念を発展させ、パブリック・リレーションズ業務を社会的に認知させたのである。

第5章　リーの過ち：過信と誤解

第一次世界大戦中に、連邦広報委員会（ＣＰＩ）による国際プロパガンダ活動で、戦争という国家間対立は強調され、愛国心は高揚した。そして、圧倒的な国力で勝利者となったアメリカの影響力が、戦場となりすべてを失い、多額の負債を抱えたヨーロッパ各国に大きく及ぶようになった。

リーは、戦後の世界の復興には国家間の関係改善が必要と考え、自身のＰＲ会社は同僚たちに任せて、自身が今まで実践してきた「双方向コミュニケーション」理論を基に、国際問題の現場に深く関与していったのである。

しかし、政治思想や社会思想といったイデオロギーの分野に踏み込んでいく過程を注意深く見ると、広報の領分から逸脱している危うさが見て取れる。

本章では、ＰＲエージェントとしての後半から晩年までのキャリアのなかで、リーがこの分野でどのような活動をしたか、代表的な事例を通して検証する。また、リーが広報や広告とプロパガンダに関してどのような見解を持っていたのかを紹介したい。

第1節　第一次世界大戦後のグローバル広報

アメリカが第一次世界大戦に参戦したのは、連合国側に加盟しドイツに宣戦布告をした1917年4月6日である。その1週間後、ウッドロー・ウィルソン大統領は連邦広報委員会（Committee on Public Information：CPI）を設立した[1]。CPIは、参戦に向けて国民の意識と具体的な行動を一つに方向付けることを最大任務として、プロパガンダを用いて世論を誘導するために国家的規模で活動した、過去に例のない組織である。CPIには官民双方からスタッフが招集されたが、ジャーナリストのジョージ・クリール（George Creel）が議長を務めたことから、別名「クリール委員会」とも呼ばれた[2]。

CPIの目的は、長期的なプロパガンダ活動を通じて、第一次世界大戦へのアメリカ合衆国の参戦に向けて、世論を高めることだった。CPIは新聞、ポスター、ラジオ、映画をはじめ、講演や演説を駆使し、アメリカ国民の意識を参戦マインドに変えていった。CPIが行った主な活動は次の通りである[3]。

① 国内のほぼすべての新聞社に対する毎日24時間体制でのプレスリリース配信。
② 新聞や雑誌に国債購入の広告、赤十字への寄付広告、志願兵募集広告を掲載。
③ 国内に国債購入、赤十字への寄付、志願兵募集のポスターを掲示。

④映画館や集会所で4分間スピーチ（フォー・ミニット・マン）の実施。
⑤企業や地域のオピニオン・リーダー向けメッセージマニュアル作成と提供。
⑥国内ラジオ各局でのプロパガンダ放送番組の放送。
⑦プロパガンダ映画の製作と上映。
⑧海外（主にヨーロッパ）でのプロパガンダ活動。

　国家間の相互理解のため民間団体の設立に参画

　リーがクリール委員会の一員だったと記述する専門書があるが、伝記『Courtiers to The Crowd』にそのような記述はない。また、筆者が調査した国内外の文献や先行研究でも、彼がＣＰＩのメンバーだったという事実は確認できなかった[4]。リーとウィルソン大統領は共にプリンストン大学の同窓であり、ふたりの関係は良好だったが、ＣＰＩ委員長のクリールはコロラド争議におけるリーの広報活動を激しく批判してきた人物である[5]。クリールが、ウィルソン大統領の信任を得て委員会の人選を行う際、メンバーにリーを選ばなかったとしても不思議はない。

　リーは、第一次世界大戦中、アメリカ赤十字社の募金活動と物資輸送支援活動の広報業務を統括していた。どちらもロックフェラー家が深く関与していた活動であり、リーはこちらに専念していたと思われる。終戦後、ヨーロッパでの赤十字社の広報業務を終えて1

写真18. CPIが手掛けたプロパガンダ手法
（ニューヨーク市公立図書館にて筆者撮影）

９１９年に帰国したリーは、以前のように広報エージェントの仕事に戻った。しかし、彼は大戦前とは異なる当時のアメリカ国内の雰囲気に危機感を感じた。それは、アメリカが戦争という異常事態の中でナショナリズムが高揚した結果、今まで以上に世界の中で孤立を深めてしまったのではないかという懸念である(6)。

リーは、このような狭いナショナリズムにしばられた政界やビジネス界は、アメリカの将来に不利益をもたらすものであり、グローバル広報の実践によって、正しいアメリカを世界に知らしめると同時に、アメリカと他国間の共通理解を生み出し、さらにはアメリカ人を国際人として通用する人材や組織を育成することが必要と考えた。

特に、国家間の連携や相互理解は、政府間の関係だけでなく、民間同士の関係修復が重要であり、リーは民間の国際団体の設立や国際会議の開催に取り組んだ。さらに１９１７

年に起きた2度の革命によって国家体制が専制君主制から共産主義に変わったソビエト連邦や、国内の不満を巧みに吸収ながら急拡大したナチス政権のドイツを、アメリカでどのように正しく伝え、理解させることができるか、この二つはリーにとって最大の関心事となったのである[7]。

国際機関の創設の目的：アメリカの孤立を解消する努力

リーが、グローバル広報の発展に係わろうとしたのは、個人的な願望だけではなく、彼本来の仕事にも深く関係していたと考えられる。実は、当時のアメリカで活動していたPRエージェントの中で、イギリスでの駐在経験があり、ヨーロッパに人脈を持つ者がリー以外にいなかったことから、彼のクライアントは海外事業、特にヨーロッパでの事業展開について、リーに助言を求めていた。

リーは、１９０５年に初めてヨーロッパを訪れ、雑誌にヨーロッパとロシアの旅行記を寄稿していた。そのころからロシアはリーの長年の関心事となり、１９０９年までにロシアに関する書籍を80冊も集めたほどだった。また、１９０９年から１９１２年にかけてハリス・ウィンスロップ社（Harris, Winthrop and Company）のロンドン・パリ事務所開設の仕事でロンドンに駐在していた[8]。

１９１９年にヨーロッパから帰国後、リーは『ニューヨーク・タイムズ』紙に海外情勢に関する寄稿をし、「ヨーロッパは疲弊している」と書いている。彼はその中で、ヨーロッパ全土を覆う最大の暗雲は「共産主義」であると指摘し、「ソ連とドイツがなくなるまで、ヨーロッパに平和は訪れないだろう」と今後10年間のヨーロッパの情勢を予測していた。ソ連については「彼らには戦闘で勝つことができない。ソ連政府を倒すには太陽政策しかない」とまで書いている(9)。この太陽政策とは、リーの広報哲学の一つともいえる「協調」のことであり、かつてリーがペンシルヴァニア鉄道やロックフェラー家に対して行った助言と同じ考え方である。

リーのこのような考え方に共感する企業や業界団体は多かった。なぜなら、アメリカの資本家たちは第一次世界大戦前からヨーロッパに多額の投資を行っており、ヨーロッパに高い関心を抱いていたからである。当時のアメリカは世界最大の債権国であり、最大の国際貿易国となったにもかかわらず、大衆や政治家は孤立政治（いわゆるモンロー主義）を支持していた。リーは、あらゆる手段を使って、自身が提唱する「建設的な世界観」の啓発に務め、講演を行い手紙やパンフレット、声明をプレスに送り続けたほか、国際団体設立に奔走し、「協調」政策推進を支持した(10)。

たとえば、リーはアメリカとイギリス間の相互理解を深めるための「イングリッシュ・スピーキング・ユニオン（英語交流連盟）」（English Speaking Union：ESU）の構想を第一次世界大戦中に暖めていた。彼は、赤十字社の仕事でロンドン滞在中、イギリス外務省のアメリカ情報局を担当するジャーナリストのサー・エヴリン・レンチ（Sir Evelyn Wrench）と定期的に会い、レンチにＥＳＵの基本的な構想を話していた。リーの助言とカウンセリングでＥＳＵは、終戦後に設立され、両国間の連携に関する重要な団体となった。リーは亡くなるまで、ボランティアとしてＥＳＵの広報担当を務めた[11]。

また、彼は多くの国際会議に参加した。太平洋問題調査会（Institute of Pacific Relations）の、１９２７年のホノルル（ハワイ）会議では、「インターナショナル・コミュニケーション」と題した講演を行い、１９２９年の京都（日本）会議にはアメリカ代表団の一員として参加している[12]。ちなみに、リーは京都会議の終了後、東京で古河家三代目当主の古河虎之助と面会しており、二人が古河家の迎賓館（現在の旧古河庭園）で並ぶ写真が残っている（写真19）[13]。

写真19．リーと古河虎之助
（1929年11月に撮影
『Courtier to the Crowd』より）

リーは国際会議や講演の中で、プロパガンダに対する自身の見解を述べている。たとえば、1934年7月4日にロンドンで行った「国際プロパガンダの問題（The Problem of International Propaganda）」と題した講演では、「平和時における国家間の健全なコミュニケーションは、戦争プロパガンダの直接的な手法や、秘密裏や間接的なプロパガンダ手法では、決して進展しない」のであり、「国際ビジネスにおけるパブリック・リレーションズはギブ・アンド・テイクの双方向（Two way street）でなければならない」と述べている[14]。

リーは、『ロンドン・オブザーバー（London Observer）』誌編集長のJ・L・ガーヴィン（J.L. Garvin）に、「悲劇を生むのは、正と悪の対立ではなく、正と正の対立によるものである。しかも、現代における最大の悲劇は、国家同士が他国の最も良い面を理解しないこと」であり、ルーズベルト元大統領が唱えた「穏やかに話すが、大きな棒を携える」という、いわゆる「棍（こん）棒政策」は時代後れであると述べている。これからは、「背後には何も棒を持たずに、大きな声で明瞭に話す」ことが必要だとし、協調路線の重要性を訴えていたのである[15]。

ロシアからソ連に：ソ連を理解する努力

リーが、なぜこれほどソ連に関心を持ち、ソ連の現状や共産主義をアメリカ国内に知らしめようとしたのか、その理由は明らかではない。しかし、リーは旧ロシア時代から通算

６回も現地を訪問し、国際社会におけるソ連及び共産主義の問題を解説する『今日のロシア（Present-Day Russia）』といった書籍を執筆し、１９２７年に自費出版するほど力を入れていた。ソ連は、石油をはじめとする豊富な天然資源を有する国であり、ウォール街の金融資本や大手企業は旧ロシア時代から現地に投資をしていた。彼らは、ソ連共産主義体制に代わっても、可能であればその関係は継続したいというのが本音だった。

しかし、ソ連に対するアメリカ国内の拒否反応は根強かった。１９２６年1月7日、ニューヨーク商工会議所は、ソ連が共産党の支配下にある限り、アメリカ合衆国がソ連を国家として承認するべきではないという決議を採択した。同商工会会議所の会員だったリーはこの決議に対して、ソ連を無視するより、ソ連をより積極的に理解するために、建設的な行動が必要だと考えた[16]。その後、数ヶ月間にわたり商工会議所の有力者に対して、共産主義の理解と対処について、真剣に取り組むよう手紙を送り続けた。送付先は、商工会議所役員会会長のウィリアム・L・デボスト（William L. DeBost）、元上院議員で国務長官を務めたニューヨーク州の弁護士エリフ・ルート（Elihu Root）などである。

またリーは、アメリカの実業家たちに対しても手紙や会報で訴えた。たとえば、アメリカ・ロシア商工会議所（American-Russian Chambers）に対しては、目の前の問題に対してドアを閉め、関係を後退させることは問題解決に繋がらないこと、取引に関する情報収集や意見交換のためにモスクワに事務所を開設すること、などを提案している[17]。

アイビー・リー、ソビエト支援に動く
承認活動に影響力のある有力者に極秘文書を送付
ルート上院議員から冷淡な反応
広報エージェントはスタンダード石油社のためではなく、自分自身で活動しているとコメント

最も著名で高額な報酬を取り、スタンダード石油社の広報顧問を務めるなど、数多くの広報エージェントを務めているアイビー・リー氏が、米国によるソビエト連邦共和国の承認に向けた、熱烈な活動を開始した。リー氏は、前国務長官のエルフ・ルート上院議員をはじめ、この問題に影響力のある多くの著名人に対して、「極秘文書」と称する文書を送付していることが、昨日判明した。ルート上院議員は、米国が現行のロシア政府を承認することに反対を表明しており、その他の人々も、リー氏に対して反対を返信している。リー氏は先日、ソ連承認反対の決議を行なったニューヨーク州商工会議所に助言し、ロシアに代表を送り、現地視察を行うこと、ロシアとの貿易は米国にとって極めて重要なことだと伝えている（以下略）。

IVY LEE MOVED TO AID THE SOVIET

Sends Out "Confidential" Letters to Men of Influence Urging Recognition.

A COLD REPLY FROM ROOT

Publicity Agent Says He Is Acting for Himself Alone, Not in This Case for Standard Oil.

Ivy L. Lee, the best known and most expensive of publicity agents, who, among other activities, is the "adviser on public relations" to the Standard Oil interests has begun to display keen interest in the recognition of the Soviet Government of Russia by the United States. Mr. Lee, it was learned yesterday, is so greatly interested that he has sent out a series of "confidential letters" to prominent men in relation to the matter, among them to former Secretary of State Elihu Root.

Senator Root has replied that he is opposed to recognition by the United States of the present Russian Government. Other replies to Mr. Lee have been of the same tenor. Mr. Lee has now suggested that the Chamber of Commerce of the State of New York, which recently adopted a resolution opposing recognition, should send representatives to Russia to study conditions there, suggesting that the trade of Russia is of great importance to this country.

写真20.
『ニューヨーク・タイムズ』紙
1926年3月28日号（筆者所蔵）

リーは「ソ連の宣伝担当」と誤解される

リーが商工会議所や議員、企業経営者に対してソ連への理解を得ようと奮闘しているさなか、『ニューヨーク・タイムズ』紙の1926年3月27日号一面に、彼が関係者に送った手紙を元に記事が掲載された。それは、リーが顧問を務めているスタンダード石油とヴァキューム石油社の2社が、多額の現金支払いとソ連政府の借金を引き受ける代わりに、ソ連産の石油の購入と販売の交渉を終えた、というものである。

翌3月28日には、『ニューヨーク・タイムズ』紙や他紙に、リーがエリフ・ルートや他の商工会議所幹部に送った手紙が掲載された。この手紙は3ヵ月も前に出されたものだが、『ニューヨーク・タイムズ』紙はリーを「最も著名で最も高給取りの広報エージェント」と紹介し、「スタンダード石油の広報顧問を務めていた男が、ソ連政府への理解を高めるために、熱心に動き始めた」という記事を掲載した（写真20）[18]。

『ニューヨーク・タイムズ』紙は、掲載したリーの手紙を『ニュー・マス（The New Masses）』誌の編集長ルース・スタウト（Ruth Stout）から入手したことを明らかにし、「リーは、アメリカの立場とは反対を取り、ソ連を認知するために働いている。彼は、スタンダード石油とジョン・D・ロックフェラーの帝国主義を正当化しようとしている」と批判した。

これらの報道を受けて、アメリカ商工会議所会頭のルイス・ピアソン（Louis Pierson）は公開書簡でリーの立場を激しく非難した。資本家と労働者間の協力関係促進のための保守的な団体である、全国市民連盟（National Civic Federation：NCF）のラルフ・M・イーズリー（Ralph M. Easley）も、リーの立場を批判した。

リーは、自身が行ったソ連擁護とも取れる発言や行動に対して、あらゆる方面から批判された。リーの主張は共産主義のプロモーションであり、彼はスタンダード石油の利益を代弁しているとも言われたのである。

国家間PRはリーのライフワーク

リーの一連の行動は多くの人たちに誤解を与えたが、特別な何かを巻き起こしたかったのではなく、彼自身はクライアントの成功に関心があるだけだった。たとえば、クライアントである石油会社は国際取引を拡大しており、特にソ連との取引は最大の関心事だった。リーは、建設的な国際間の政治協力が、とりわけアメリカ経済の成長に恩恵をもたらすもので、政治的なイデオロギーに関係なく、国家間の理解と協力は不可欠なものだと考えて行動していた。このようなリーの立場と行動は、ボスニア紛争時のボスニア・ヘルツェゴビナのPRを担当した、ルーダー・フィン社と状況が似ている。

あらゆる方面からの批判にもかかわらず、リーはソ連と共産主義に関する勉強を続けた。彼は、先のソ連訪問で見聞きしたことを元に、ロシア人の生活を深く理解するために執筆した『USSR：A World Enigma』を１９２７年7月に自費出版した。これは、１９２８年にマクミラン（Macmillan Company）社から『Present-Day Russia』のタイトルで再出版された[19]。

リーは批判に負けず、積極的に行動した。たとえば、フランク・B・ケロッグ（Frank B. Kelogg）国務長官にアメリカ政府のソ連に対する対応を助言する書簡を送る一方で、アメリカ・ロシア商工会議所と緊密に行動し、チェース・ナショナル銀行、ニューヨーク・スタンダード石油、ディロン・リード社など自身のクライアント企業に同会への入会を勧め、彼らは会員となった。

繰り返すが、なぜリーはソ連やそれに関係するグローバル広報にこれほど深入りしたのだろうか。実は、リーが亡くなるまでボランティアで広報を務めた太平洋問題調査会（ＩＰＲ）の設立に、ロックフェラー家が関与している。ＩＰＲ創立者のエドワード・C・カーター（Edward C. Carter）はロックフェラー・ジュニアならびに妻のアビー（Abby Aldrich Rockefeller）と親交があり、ＩＰＲ設立にはロックフェラー財団とカーネギー財団が出資している。ＩＰＲの運営には多少なりともロックフェラー家やカーネギー財団の意図が影響を与えていたと考えられ、リーの活動にも影響を与えていたのではないかと筆者は考えている[20]。

リーに対する誤解

『ウォール・ストリート・ジャーナル（Wall Street Journal）』紙編集長のC・W・バロン（C.W. Barron）は、リーに「あなたは何のために行っているのか。誰が資金をだしているのか」とたずねたという。リーの行動は誤解されており、新聞報道を見た多くの人はリーを信じなくなった。『ビジネスウィーク（Business Week）』誌はリーに対する疑念を記事に書き、読者の多くはソ連がリーをプロパガンダリストとして雇ったとさえ考えていた[21]。

連邦議会は、アメリカにおけるソ連共産主義の宣伝活動調査の準備を始め、マサチューセッツ州選出のジョージ・ホールデン・ティンカム（George Holden Tinkham）下院議員が、最初の証人喚問をリーにするべきと進言した。なぜなら、リーはジョン・ロックフェラーの広報代理人であり、スタンダード石油の国際取引に関与し、今やアメリカに対するソ連のプロパガンダリストでもあるとみなされていたからだ[22]。

1929年初め、リーとソ連との関係に関する奇妙な書類が公開された。一連の書類はメキシコ経由で国務省に持ち込まれ、議会上院による調査が行われた。その書類には、ウィリアム・E・ボラー（William E. Borah）やジョージ・ノリス（George W. Norris）といった上院議員がソ連から買収対象として狙われていたと書かれていた。進歩主義者のノリスはソ連の考え方に好意的であり、またボラーは外交委員会の議長として、最終的にソ連の承認を主張していた。書類には、二人がソ連から資金提供を受けていた、と記されていたが、二人とも強く否定した。

その後、徐々にアメリカ国内におけるソ連への理解や関心は高まり、アメリカは1933年にソ連を承認した。アメリカの承認後、ソ連のマクシム・リトヴィノフ外相は、リーにロシアとアメリカ間の関係緊密化への道を切り開いてくれたことへの感謝の電報を送っている[23]。ソ連は、リーの行動をこと細かく注視しており、彼の行動がアメリカによるソ連承認に貢献したと評価していたのかもしれない。

第2節　ドイツのクライアントとナチス・ドイツとの関係

I・G・ファルベン（Interessen Gemeninschaft Farben Industrie、またはGerman Dye Trust）社は、当時のドイツ化学産業を独占していた大企業で、世界各地に現地法人があり、各国政府とも関係を持っていた。リーはI・G・ファルベンの米国法人と、1929年から年3000ドルの報酬でアメリカ国内の広報業務を請けていた。アメリカ法人の取締役会には、エドセル・フォード（Edsel Ford）、ウォルター・ティーグル（Walter Teagle、ニュージャージー・スタンダード石油社長）、シティバンクの役員など、アメリカ企業の有力者が就任していた。

I・G・ファルベンは、国家社会主義ドイツ労働者党（ナチス党）が台頭する1932年ごろから、ナチス政権に接近し始めた。I・G・ファルベンの幹部は、ヒトラー政権によって以前よりドイツとアメリカとの関係が悪化してきたことを憂慮し、アメリカ国内のみならず、ドイツの親会社を含む企業グループ全体のイメージ改善を、リーに依頼したのである。彼らはリーの報酬額を年4000ドルに引き上げ、親会社担当分として2万5000ドルを別途支払った。この多額の報酬が後に、ナチス・ドイツのプロパガンダ顧問料ではないかと疑われることになる(24)。

I・G・ファルベンの幹部はリーに、「当社はドイツとアメリカとの関係や、アメリカのナチス・ドイツに対する批判に憂慮している。何をすればこの状況が改善できるのか」助言を求めた。また、I・G・ファルベンは労使問題も抱えていたので、リーが労使問題に詳しいことを知ると、彼らはリーにこの問題解決の助言も求めるなど、リーとの距離が急速に近くなっていったのである。

リーは当初、I・G・ファルベンを単なる国際企業の企業広報案件のひとつだと考えていたと思われる。前述したとおり、1920年代のリーはグローバル広報の案件に積極的であり、この案件も彼のプロフェッショナルとしての琴線（大きなプロジェクトとしてのやりがい）にふれたのかもしれない。彼は、I・G・ファルベンのアメリカ国内プレス担当として元新聞記者のバーナム・カーター（Burnham Carter）を、また息子のジェームズ・ワイルドマン・リー（James Wildman Lee II）をドイツ駐在員に任命し、ドイツの状況調査と報告を指示している[25]。

リーとドイツとの深まる関係

リーは１９３４年10月に亡くなっているが、晩年の１９３３年と３４年にドイツを何度か訪問しており、Ｉ・Ｇ・ファルベン幹部と面会し、ドイツ情勢に関する個人的な調査を行っている。Ｉ・Ｇ・ファルベンでのリー担当は取締役のマックス・イルグナー（Dr. Max Illgner）で、イルグナーはヨセフ・ゲッベルス宣伝相やフランツ・フォン・パーペン副首相、コンスタンティン・フォン・ノイラート外相、クルト・シュミット経済相といったナチス政権の大臣たちとリーとの仲介役を務めた。そして最終的にはヒトラーとの面会を手配した。

リーが後に語ったことだが、彼をヒトラーに合わせたＩ・Ｇ・ファルベンの役員は、彼にアメリカでのヒトラーの評価を高める方法を依頼していたのだという。リーはヒトラーと30分あまり面談し、彼の政策などについて質問した[26]。

リーがＩ・Ｇ・ファルベンやヒトラー、ゲッベルスに対して行った助言は、彼が以前ペンシルヴァニア鉄道会社やロックフェラーにしたものと基本は同じである。キーワードは

「正直」に、「オープン」に、そして相手に対する「協調」である。リーは、彼らに対して何度も同じことを助言した。彼は、アメリカがドイツを正しく扱えば、ドイツもアメリカを正しく扱うことになると、期待していたのである。

ヒトラーとの面談以降、リーのI・G・ファルベンならびにナチス政権の幹部に対する助言はかなり具体的になり、しかも詳細なものとなっていった。たとえば、「アメリカ人から共感を得るために何をしたら良いか」と、後にヒトラー政権で外務大臣を務めたフォン・リッペントロップにたずねられたリーは、「アメリカ人が抱いているナチス・ドイツの軍縮に関する疑問に答えるために、ラジオに出演して話をすること、記者会見を何度も開いてこの問題を語ること、アメリカに来てルーズベルト大統領と個人的に会って説明すること、外国政策協会や海外協力協会といった団体で講演すること」と書いた書簡を送っている[27]。

リーはI・G・ファルベンに対して「ドイツ政府は、他国が軍縮するなら自国も軍縮し、もし拡大するなら、同様に軍拡するだろう」というかなり踏みこんだ助言を書面で残している。これは企業広報の範中をふみ越えた内容である。I・G・ファルベンがこの時点でアメリカにおけるドイツ政府（ナチス政権）の広報業務を行っていたと考えても不思議ではなく、リーの行動は間接的であれナチス・ドイツ政権に影響を与えていたと考えられる[28]。

さらに、リーの助言がヒトラー政権のプロパガンダに影響を与えていたとみられる、次のような逸話が残っている。アメリカ政府は１９３３年7月、シカゴ大学の歴史学者であるウィリアム・E・ドッド（William E. Dodd）を駐ドイツ大使に任命した。ドッドは１９３４年1月にリーとベルリンで会った印象を「実業家のようであり、ファシストのようでもある」と報告している。また、翌2月にドッドがゲッベルスやイギリスの大使と面会した際、ゲッベルスと記者とのやりとりを聞いて、その内容はリーがドッドに１ヵ月前に語った内容とほぼ同じだったと報告している。つまり、リーがI・G・ファルベンに行った助言や書簡は、ナチス・ドイツ政権に通じていたようである。

リーの判断の誤りと彼に対する批判

リーは、１９３４年10月に亡くなったが、その数ヶ月前から、ナチス政権のユダヤ人迫害が拡大していくのを見て、I・G・ファルベンにナチス政権との関係を見直し、従来の健全な企業経営に戻るよう助言した。しかし、これは不可能なことであり、リーも自ら大きな間違いを犯していたことに気づいた。彼はI・G・ファルベンとの契約を解除し、それ以降、彼は報酬を受け取らなかった(29)。しかし、この判断はあまりにも遅かった。

１９３４年5月19日、連邦議会下院非米活動委員会の調査が、ワシントンでリーの活動に関する審査会を非公開で行った。リーは、I・G・ファルベンへの助言内容やヒトラー

Ivy Lee, as Adviser to Nazis, Paid $25,000 by Dye Trust

Publicity Counsel Has Yearly Retainer—Drafted Statements to Guide Reich—He Pays Son in Berlin $33,000 Salary.

Ivy Lee, public relations adviser to great American corporations, told a Congressional committee, which made his testimony public here yesterday, that he was retained at $25,000 a year by the German Dye Trust within three months after Hitler came into power as German Chancellor and that the Ivy Lee firm had been working continuously for more than a year giving advice and suggesting policies for the guidance of the German Government in its relations with the American people.

Mr. Lee identified the German Dye Trust as the most important corporation in Germany, and said he was summoned "because they were very much concerned about the beginning of the boycott and wanted to know what could be done and what influence they could exert with their government."

The testimony was taken in Washington on May 19 at an executive session of the Congressional committee investigating "un-American activities" as a preparation for a public hearing to be set later. When yesterday was set, however, according to Representative John W. McCormack of Massachusetts, chairman, insufficient notice was given to Mr. Lee, who is still abroad. His testimony at the earlier closed session was therefore read into the public record as a substitute for his presence. To supplement it, Burnham Carter of the Ivy Lee firm, designated by Mr. Lee as the person in charge of the German publicity contract, was later questioned.

According to Mr. Lee's testimony, he met Hitler just as the Nazi leader was getting his government under way, because the corporate leaders who summoned Mr. Lee "were anxious for me to meet him just as a personal matter, just to size him up."

Thereafter, Mr. Lee said, suggestions for statements of policy by Germany were prepared here by the Ivy Lee office and transmitted, usually through Mr. Lee's son, James W. Lee 2d, in Berlin, to the German Dye Trust. Mr. Lee first took the position that he had no relations with the German Government. Later he said

Continued on Page Three.

The New York Times
Published: July 12, 1934

写真21.『ニューヨーク・タイムズ』紙
1934年7月12日号（筆者所蔵）

政権との関係について質問に答え、「ドイツあるいはナチス政府に対して、直接助言したことは一度もない、私の助言はI・G・ファルベンに対してであり、ナチス政府の広報活動支援ではなかった」と釈明した。

リーのこの発言は疑問が残る。前述したように、彼のI・G・ファルベンに対する詳細な対アメリカ広報の助言内容や、ドイツで何度もヒトラー政権の閣僚、特にゲッベルス宣伝相と面会していることを踏まえると、彼の釈明をそのとおりには受け取ることはできない。なぜなら、I・G・ファルベンはヒトラー政権を人材並びに物資の両面で支援していた。両者の関係は密であり、I・G・ファルベンがナチス・ドイツ政権の海外におけるPR部隊として活動していたのは、疑う余地がないからである(30)。

結局、委員会はリーの答弁を受け入れ、リーよりもドイツのプロパガンダに深く関与し

アイビー・リー、ナチスの顧問としてダイ・トラストから25,000ドル支払われる
—広報顧問は年間契約を交わし、国を導く声明文を作成していた—彼はベルリン駐在の息子に33,000ドルの給与も支払う

アメリカの大手企業の広報顧問を務めるアイビー・リー氏は、昨日行なわれた連邦議会委員会の公聴会で、ヒトラーがドイツ首相に就任後、三ヶ月もたたずに独ダイ・トラスト（IGファルベン）社と年間25,000ドルで顧問契約を結び、アイビー・リー氏の会社が1年以上にわたり、アメリカ国民との関係に関するドイツ政府の政策に助言してきたと証言した。

リー氏は、独ダイ・トラスト社がドイツで最も重要な企業であることを認識しており、ボイコットを恐れたトラスト社は彼にその対応や、ドイツ政府への働きかけについて、助言を求めたと述べている（以下略）

たと思われた他のPR会社カール・ボイヤー&アソシエイツに対する活動の調査に移った。リーの証言は極秘扱いとされ、プレスや一般への公開はなされなかった。

しかし1934年7月、委員会は突然リーの公聴会に関する発表を行い、その内容が7月12日付『ニューヨーク・タイムズ』紙に掲載された（写真21）。記事は、「アイビー・リーはナチスのアドバイザーとして、ダイ・トラスト（I・G・ファルベン）から2万5000ドルを受け取っていた：広報カウンセラーは年間契約を結んで、ライヒ（ドイツ第三帝国＝ナチス政権、筆者注）を導く声明を作成し、ベルリンにいる息子のジェームズに3万3000ドルの給与を払った」というセンセーショナルな見出しと共に、その調査結果を詳細に記事掲載したのである。リーは新聞報道の批判に反論しないまま、この年の10月に脳腫瘍で亡くなった。

第3節　リーに対する後世の批判

グローバル広報活動を通して深まった、リーに対するソ連やナチス・ドイツ政権との関係に対する批判は、彼の後年の名声に傷をつけることとなった。これは、リーの性善説的な考えに基づくコミュニケーション哲学と、豊富な成功体験に基づく自信過剰的な行動によって、自らこのような状態を巻き起こしたと考えられる。本節では、主に記者と研究者によるリーに対する否定的な評価を整理する。

記者やジャーナリストの否定的な評価

リーは、クライアントと記者の間に入り、お互いの通訳者となったが、これによってリーと記者の間には、いつも緊張感があり、クライアントへの自由な取材ができない記者は、リーの対応に不満を抱いた。

たとえば、『ニューヨーク・タイムズ』紙の記者ニール・マクニール（Neil MacNeil）は、「リーは、自分が伝えたいことや都合が良い時、準備できた場合だけ〝事実〟を我々に提供しようとした」とリーを批判している[31]。たとえば、ロックフェラー家の自宅や事務所に関するすべての問合せはリーに伝えられ、その中にロックフェラー家に対する推測に関するものがあれば、リーはそのほとんどの回答を拒否した。これは、リーが『原則の宣言』に書いたオープン性と矛盾する[32]。

また新聞記者たちは、ニュースの「エンバーゴ」についてリーを批判した。エンバーゴとは、指定日時まで一定の間、情報公開（記事掲載）を禁止する紳士協定のことで、現代でも一般的に行われる広報手法である[33]。当時の記者は、自由に取材活動できないリーのやり方に、とまどいと不満を感じていたのだろう。また、記者がロックフェラー・センター建設に情報入手を試みた際、リーはすべての取材申込を断っていた。ロックフェラー・

センターに関する噂はニューヨーク市中に広まっていた。ある記者によれば、リーはすべての交渉が終了するまで彼らが知りえた情報の記事掲載を認めず、さらにロックフェラー家の正式コメントの提供も断っていたのである。この種のやりとりは、現代の広報エージェントと記者との間で起きている最も多い衝突原因でもある[34]。

もちろん、リーの対応や手法に対する厳しい批判はあった。それは、コロラド炭鉱ストライキ広報における間違った情報を掲載した広報誌についてだった。リーは、ロックフェラー・ジュニアに対して「本当のことを公表しなさい。遅かれ早かれ、いずれ大衆は見つけ出すのだから。そしてもし、大衆があなたのしていることを気に入らなければ、方針を変えて人々が望むようにしなさい」と助言した。しかし、前述したようにリーは広報誌『産業の自由のためのコロラドの戦い』で間違った情報を掲載し、CF&I社の信用ばかりか、リー自身の信頼も失いかけたのである。広報誌の間違いやリーの手法について、新聞各社は次のような批判記事を掲載した。

『サンフランシスコ・スター（San Francisco Star）』紙は、「ロックフェラー家はコロラドの鉱山労働者ストライキのあいだ民衆に向けて自分の立場を主張するためにアイビー・L・リーを雇い、『産業の自由のためのコロラドの戦い』と題した小冊子シリーズを通して自己弁護を振りまいている」。さらに「アイビー・リーの困った問題点は、真実から遊離するその性癖である。（中略）リーが事実を歪曲し、頭の想像を事実と勘違いしている」と批判した[35]。

また、詩人カール・サンドバーグは社会主義者むけの新聞『ニューヨーク・コール(New York Call)』紙に「アイビー・リー、雇われた嘘つき」と題した批判を寄稿し、リーを「雇われ中傷屋」、「雇われ嘘つき」と書いた。マックレーカーのアプトン・シンクレアは「毒薬アイビー（Poison Ivy）」というあだ名をつけ、後にＣＰＩの委員長を務めたジャーナリストのジョージ・クリールは『ハーパー・マガジン』(Harper's Magazine)誌で「現状に対するまったく話にならない見解」として、ロックフェラー家の利権と、その代弁者になったリーについて『産業の自由のためのコロラドの戦い』に詳細な反論を加えながら批判したのである[37]。

このように、多くの批判を受けたが、それでもリーは記者からクライアントを守る緩衝材となっていた。広報エージェントがクライアントと記者、及びクライアントと大衆との間に入るという役割は、20世紀初頭のアメリカでリーが発案した仕組みである。リーは現代では一般的となっている、広報エージェントによるコミュニケーション・スタイルの確立に貢献したのである[36]。

研究者の否定的な評価

カトリップはリーについて、ＰＲ業界屈指のスポークスパーソンとして「自己の実務と自己の理論によってPRの職業を築いた」と評価する一方で、リーとI・G・ファルベン及びナチス・ドイツとの関係は、批判を免れないとしている。ただし、カトリップはリーの記録を詳細に調査した結果、I・G・ファルベンがリーを雇ったのは、彼らがリーをナチス・プロパガンダの代理人にしようとしたのではなく、むしろナチス・ドイツ政権の政策を和らげるためにリーの力を借りようとしたためだったとしている。この点はより踏み込んだ調査が必要だが、広報エージェントやPR会社が国家のパブリック・リレーションズを請け負うことの是非と、請け負う場合にどこまで関与するかは、現代でも容易に結論を出すことのできない、難しい問題である。

アージェンティは、「リーは自分の評判を守ることよりクライアントの評判を守ることのほうが得意だったようだ。自分に対する批判には、すぐに手を打つことをしなかった」と分析している[37]。事実、コロラド炭鉱のストライキ広報の際、さまざまな批判や中傷に対して、リーは釈明をしていない。また、ソ連ならびにナチス・ドイツとの関係に関する連邦議会の調査委員会に出席して質疑応答を行ったが、それ以外はリー自身またはリーの会社から公式コメントを出していない。現代なら、企業のトップがこのような疑惑に巻き込まれたら、最終結果を待たずともコメントを出すのが一般的である。

また、カトリップは、リーが第一次世界大戦前には傑出したパブリシティ専門家という評価と名声を得た一方で、厳しい評価も受けていたと指摘し、最後にリーのことを「20世紀初頭に巨大企業の問題を利用して自己の経歴を築いた」と評している[38]。この経歴が、前節で紹介したとおり、彼に十分な報酬をもたらすことになったのである。

リーは間違っていたのか

リーに対する批判は大きくわけて2つある。第一は『原則の宣言』に書かれた内容と、彼の行動が一致していないことに対するもので、第二は広報エージェントがプレスとクライアントの間に存在することへの不満であった。

『原則の宣言』に基づくリーの初期の行動が鮮やかだったため、コロラド炭鉱ストライキやロックフェラー家の広報、さらにはソ連及びナチス・ドイツ政権との一連の活動によって、その落差に対する批判が集中した。前述したように、リーにとって「毒薬アイビー」は晩年まで悔いの残るあだ名となった。

また、リーは記事掲載だけでは大衆からクライアントに対する好意的な理解や共感を得ることができないと考え、クライアントに「双方向のコミュニケーション（Two Way Street）」の重要性を助言し続けた。

しかし、彼自身がこの双方向コミュニケーションを実践していたか疑問である。前述したように、プレスとのコミュニケーションがしばしば一方通行になり、彼らに不満を抱かせた。コロラド炭鉱のストライキ広報では、リーは記者に「洪水のように」大量のプレスリリースや広報誌、ダイレクト・メールなどを送りつけ、「これらの大量の紙は、（中略）発行されたとたんにゴミ箱行きになっているようだ」と批判されている。

リーが初期のパブリック・リレーションズ形成に果たした役割は大きいが、理論と実践が乖離していたことは事実である。これが、彼に対する批判を招いたが、彼は自身の考えを述べたり、反論をほとんどしなかった。広報エージェントの自己主張は、クライアントと同様に重要だという教訓ともいえる。

第6章　現代の広報エージェントとの共通課題

前章まで見てきたように、リーは20世紀初めから約30年間の広報エージェント活動を通して多くの実績を残した。特に１９０５年から１９１５年の10年は、現代パブリック・リレーションズの先駆けとなる理論や手法を開発し、炭鉱ストライキや鉄道脱線事故など、クライアントの存亡を左右する重大な事件・事故広報を成功裏に終わらせている。その結果、リーの広報エージェントとしての名声は１９２０年代に最高潮に達し、彼は１９３４年に亡くなるまでアメリカで最も高給の広報エージェントとして知られた。リーの名声を頼って、多くの企業経営者が彼と広報顧問契約を結ぼうと押し寄せた。また、リー自身も広報顧問として付き合ううち、クライアントが抱える難しい問題に関与せざるを得なくなり、苦労したことも多かったようだ。

リーが直面したさまざまな課題は、現代（21世紀）の広報エージェントにとっても共通部分が多い。筆者はメーカーで10年、独立後ＰＲ会社を経営しながら広報エージェントとして18年間（計18年間）パブリック・リレーションズに携わっており、リーが当時抱えていた課題に多いに共感を覚えるものである。

本章では、最初にリーが現代アメリカにおける広報エージェントの概念形成に対して、どのような貢献をしたのか整理する。続けて彼が広報エージェントとして直面した5つの課題に注目し、その課題点と現代の広報エージェントの共通点を調査し、これらの共通課題の対処を提示する。5つの課題とは、①クライアントの広報マインド育成と距離感、②企業文化や社内広報への関与の度合い、③広告との混同：ステルス・マーケティング問題、④国家プロパガンダへの関与、そして⑤広報エージェントは自己PRすべきかである。

第1節　クライアントの広報マインド育成と距離感

広報エージェントにとって、クライアント、特に企業トップとの関係は重要である。彼らとの信頼関係の有無が、広報業務の実践に影響を及ぼす。たとえば、ペンシルヴァニア鉄道事故の広報では、リーは社長から招聘された社長補佐という立場から、社内改革における広報戦略を統括していた。そのため、事故発生後の広報を、従来の沈黙型から、完全なオープン型に転換し、結果として鉄道会社のダメージを最小限に抑えることができたのである。これは、広報エージェントが企業戦略にも積極的に関与することの重要性を示す成功事例である。

また、リーは社長自身が自社の広報エージェントとして行動することを助言した。彼は、企業のパブリック・リレーションズにおいて、社長は自身の役割を理解し、何を語るかについてその責任を持つべきだと助言した。現代はトップ広報の重要性がますます高まっているが、リーは20世紀初めの時点でトップ広報の重要性と必要性を認識していた。同時に、彼はトップ広報を実現し成功させるためには、広報エージェントは単なる外注先ではなく、もっと内部に関与できなければならないと考えていた[1]。バーネイズも同様の考えを抱いていたが、彼はパブリック・リレーションズの実践と同時に、広報エージェントの専門職性の向上を通じて、企業や経営者への影響力の増大を目指していたのである[2]。

リーは、コロラド炭鉱ストライキの広報活動を通してロックフェラー・ジュニアとの関係を深め、ジュニアは頻繁にリーに助言を求めた。彼は、リーの助言に基づいて筆頭株主としての責任を果たそうと、大衆に向けて発言と行動を繰り返したのである。

この結果、リーとロックフェラー家との関係は、広報エージェントとクライアントの関係以上のものとなっていった。本来、広報エージェントは報酬を得て仕事を受けるものだが、リーは、ロックフェラー（シニア）から依頼された教育機関や医療機関の広報活動支援は無償で引き受けていた。たとえば、第一次世界大戦中の赤十字社募金活動、太平洋問題調査会、ニューヨークのパーク・アベニュー・バプティスト教会などロックフェラー家が関与していた案件は無報酬か、わずかな報酬で引き受けている[3]。リーが、シニアの個人スタッフとして受け取っていた報酬は月額1000ドルであり、他のクライアントからの報酬と比較しても多くはなかった。また、リーの活動の中でロックフェラー家との関係が見え隠れしたのが、第5章で検証したグローバル広報における彼の積極的な関与である。これは、リー自身が信ずる特定のイデオロギーに基づいて行動したというより、ロックフェラー家の意向に基づいて行った結果ではないだろうか。その結果、リーは窮地に陥っていった。PR会社や広報エージェントは、クライアントとの契約に忠実であることは重要なことだが、その内容が倫理的に正しいことなのか、よく考えて行動することが求められるのは、現代も同様である。

筆者は、まず広報エージェントならびにPR会社は自らの倫理規定を明確にし、それを遵守することが重要であり、そして、絶えず当事者以外の第三者から検証を受け、それを受け入れるオープンなマインドを維持することだと考える。

パブリック・リレーションズとは「個人や組織体が最短距離で目標や目的を達成する『倫理観』に支えられた『双方向コミュニケーション』と『自己修正』をベースとしたリレーションズ（関係構築）活動」である（井之上2015）[4]。なぜ、パブリック・リレーションズに倫理観が不可欠なのだろうか。それは「個人も組織も他者やパブリック（一般社会）との関係を築くうえで、普遍的な倫理的価値観をシェアし実践することが、結果として最短距離で目的な目標の達成を可能にする大きな要素になる」だからだ[5]。

ではは最初に、クライアントからの視点で考察してみたい。彼らが、広報エージェントやPR会社を必要とするのは2つの理由がある。まず、クライアントがパブリック・リレーションズのプロフェッショナルから、彼らの専門知識や実践経験を必要としていること。次に、企業のトップに社内が客観的な意見を述べにくい雰囲気にあり、外部の専門家による助言が必要なこと、である。さらに、パブリック・リレーションズのプロとの契約は単発なのか、一定期間継続するものなのかによって、クライアントとの信頼や距離感が異なる。広報エージェントならびにPR会社は、上記の状況を完全に把握し、自らの立ち位置を常に意識した行動を取ることにより、問題を回避できると考える[6]。

第2節　企業文化や社内広報への関与の度合い

第3章で分析したように、リーはペンシルヴァニア鉄道の社長補佐に就任後、鉄道事故の広報を通して、労使関係を含む会社と従業員との間のコミュニケーションの重要性を痛感していた。20世紀初めのアメリカ企業は、従業員に対する福利厚生が充分とはいえず、鉄道建設に従事する従業員が怪我をしても事故後の保証はなく、身体障害者となった者は解雇されていた。そのため、従業員は会社に対する不満を募らせ、組合を結成し、待遇改善を求めてストライキを行った。さらに、企業は従業員やその家族を企業の利害関係者（現在のステークホルダー）と捉えておらず、従業員はコストセンターすなわち費用ばかりかかる存在で、利益を生み出すものとは考えられていなかったのである。

リーは、労使関係の改善こそ、企業経営の安定化に繋がると考え、従業員やその家族向けの広報誌を発行した。広報誌の編集方針は「ファミリー」である。当時としては先進的であり、経営側も従業員側も区別なくひとつの家族と捉えた、新しい労使協調のための広報キャンペーンだった。企業を一つの家族と捉えた考え方は、現代のエンプロイー・リレーションズの考え方の元祖ともいえるのである。

また、コロラド炭鉱ストライキ広報では広報誌を従業員の自宅に送り、ニューヨーク地下鉄の労使問題の広報では、従業員を「一心同体の仲間」と呼び、人間らしい扱いに配慮をみせた。リーは、自宅に広報誌を送れば従業員のみならずその家族が読むと、期待したのである。

リーはさらに、ニューヨークの地下鉄会社の労使問題解決のために、駅で働く従業員の制服を一新した。たかが新しい制服なのだが、夏の暑い時に、パリッとノリの利いたリネンの制服は効果があった。これらは従業員のモチベーション向上に役立ったのである。

社内文化や社内広報（エンプロイー・リレーションズ）を成功させるためには、どうしたら良いか。また、広報エージェントがどこまでこの課題に関与することが良いのか。リーは、その解決策は企業トップの承認の下で、企業トップならびに広報部門と積極的に関与することだと考えていたのである。

これは、広報部門が社内広報や企業文化の育成・強化を担当し、社内広報や企業文化の育成・強化にまで積極的に関与した事例と考えられる。社内広報は、従来は人事や総務部門の仕事だと考えられていた。しかし、現在はその業務を広報部門が担当する企業が多い。

これは、従業員を含む企業のステークホルダーとのコミュニケーションは広報部門の仕事であり、企業トップの仕事だからである。時代や社会の変化と共に、従業員の質も代わり、企業を取り巻く環境も急速に変化している[7]。急速な環境の変化は、従来の組織運営ではコミュニケーションが機能しないことを意味している。企業が不祥事を社内に公表しなくても、真実は遅かれ早かれ社内に知られてしまうものである。

つまり、広報部門が社内広報や企業文化の育成・強化を担当すべきであり、企業トップは広報エージェントやPR会社の支援導入に前向きであることが、成功の鍵なのである。

第３節　広報と広告との混同

第1章で述べたように、19世紀後半以降のアメリカでは新聞が急速に普及していった。新聞の普及に伴い、広告代理業が生まれ、J・W・トンプソン社のような専門の広告代理店が次々と誕生した。彼らは、時代の変化がもたらすクライアントの要求や新聞社の要求に対応した。広告代理店は広告紙面の買い付けに留まらず、広告コピーを作成し、広告デザインを行い、そのうえ新聞社に対してクライアントの広告と一緒に無料の記事掲載を要求した。なぜなら、クライアントが出稿と引き換えに自社の記事掲載を要求し始めたからである。広告代理店は仲介者として、有料紙面でクライアントと新聞社双方の利益に応えていたのである[8]。

一方、多くの広報エージェントはクライアントの乗車無料パスなどの提供と引きかえに、新聞社にクライアントの記事掲載を要求していた。20世紀初めの時点では、広報エージェントにとっても広告会社にとっても、記事掲載と広告の間に明確な区別はなかった。だから、リーは『原則の宣言』の冒頭で「我々は広告代理店ではない」と宣言したのである。

広告業界は、パブリック・リレーションズや広報エージェントたちに対して敵対心を示すと同時に、恐れ嫌っていた。これはパブリシティとパブリック・リレーションズとの関係に対する誤解や混乱が原因であり、第一次世界大戦後の1910年代終わりごろまでは、広告とパブリシティは同義語として用いられていたからである[9]。

パブリック・リレーションズは広告とは別の機能なのか、広告の一部なのかは現代まで議論が続いているが、20世紀初めにはすでに問題提起されていたのである。当時の広告業界は、パブリック・リレーションズ＝広報エージェントは「スペースの分捕り」屋であり、「パブリシティは無料広告」だと非難した[10]。これは本来、有料広告で掲載されるべき情報が「無料」で紙面に掲載されるから新聞社にとって不合理なものだというのであり、広告会社からすれば商品の販売促進のためのクライアントの予算を、広告会社と広報エージェントが取り合っているという、不満の現れだった。

また、無料のパブリシティに対する批判は新聞記者からもあったが、記者もパブリック・リレーションズと広告の違いを十分理解していなかったようである。パブリック・リレーションズと広告の違いに関しては、本論文で詳細に論じるものではないが、リーもこの種の誤解に基づく記事掲載依頼を断っている[11]。

リーが考える広報と広告の違い

１９１５年に発行されたリーの講演録『人間性と鉄道』のなかで、彼が鉄道業界における広報（パブリック・リレーションズ）と広告の役割や、鉄道会社が大衆に対してどう対応すれば良いかを語る場面がある。彼は、「今や大衆がすべてを決める「万能の神」であることには疑う余地がなく、大衆が鉄道会社をはじめ、すべての上に位置する」としている。そして、「国民が支配するこの国で、鉄道会社が彼らを無視することは、会社の死活問題である」と述べている。しかし、鉄道会社が、大衆を説得・理解させるために、広報と広告をどのように使えばよいのかについては、リーはこの講演では明確に語っていないのである[12]。

1925年に発行された講演録（『パブリシティ：そうであり、そうでないもの』(Publicity : Some of the Things Is It or Is Not) では、リーは記事掲載と広告、ならびにプロパガンダの違いについて自身の考えを次のように述べている。リーによれば、「広報は読者＝パブリックが買ってでも手に入れたい情報を提供する」ことである。20世紀初めの記事の中心は新聞であり、彼は野球の試合結果を例にあげて、野球ファンなら前日の試合結果をもっと知りたいから新聞を買う。だから新聞は野球を大きく取り上げて、売上を伸ばす。一方、「広告は広告主がお金を払ってでも読者＝パブリックに伝えたい情報を提供する」もので、広報との違いは明確だとした。記事は本物＝正直、正確でなければならないが、広告には誇張や嘘も含まれていることも指摘しているのである[13]。

一般に、パブリシティと広告の最大の違いは、パブリシティは編集面に掲載されるものなので、クライアントやエージェントにその掲載決定権がないことである。情報提供や取材を行っても、記事掲載は100％保証されない。一方、広告は広告紙面を購入するから、メディアの掲載規定に違反しなければクライアントの希望はほぼ100％広告紙面として掲載される。

パブリック・リレーションズと広告の違いに関する誤解のひとつとして、「広告費がなければ代わりに広報がある」というのがある。バブル崩壊時やリーマンショック後、企業の広告宣伝予算は削減され、その結果、広告出稿量は落ち込んだ。広告宣伝費が削減され、販売促進活動に支障が出た企業は、広告宣伝の代わりに広報ＰＲで広告と同様の成果を上げることはできないかと考えたのである。

このような行動は、企業の広報・広告担当者が、広報パブリック・リレーションズと広告宣伝の違いを理解していないことから生じるものであり、さらに問題を複雑にしたのは、広告代理店が広報は無料の宣伝活動だとクライアントに説明していた点にあった。現代のパブリック・リレーションズでは、記事掲載は広告の代わりではないし、その逆でもない。

アドバトリアルとステルス・マーケティング

今日では、広告でありながら、記事形式でインタビューや製品紹介を行う広告を「アドバトリアル」といい、一般的に消費者向けのメディアで幅広く普及している[14]。アドバトリアルには紙面に必ず「広告」と表示しなければならないが、日本では「広告」の代わりに「ＰＲ」と記載する事例が多い。２０１５年、日本の某ＰＲ会社がクライアントに確実にパブリシティを実現する有料サービスを行っていた事実が発覚した。これは、パブリック・リレーションズと広告は異なるという基本事項を無視し、クライアントの勉強不足を突く、倫理観が欠如したＰＲ会社の販売手法であり、広告をパブリック・リレーションズの一部のように扱ったことが問題なのである(15)、(16)。

筆者はまず、広報エージェントならびにPR会社、さらには広告代理店がクライアントに対して、パブリック・リレーションズと広告の違いを誤解が生まれぬよう明確に説明し、納得させることの重要性を訴えたい。目標の達成手法は、広告だけでもPRだけでも不十分な場合があるので、リーが鉄道運賃値上げキャンペーンで行った統合型のマーケティング・コミュニケーションのような仕組みをクライアントが理解できるよう、最善を尽くすことである。

次に、メディアは記事掲載とアドバトリアルの基準をより明確にして、厳格に対応することである。広告主のプレスリリースや展示会のニュースを優先的に記事掲載することは、ある程度許容されるものと思うが、あからさまなステルス・マーケティング（読者や消費者に広告宣伝と気づかれないように行うマーケティング活動）はメディアに対する社会の信用を失墜させるものであり、メディアの使命や倫理に反する行為である。

第4節　国家プロパガンダへの関与

リーが、第一次世界大戦以降に取り組んできたグローバルな広報活動は、アメリカ国内の新聞社、大衆や政治家から国益を反するものと受け取られ、厳しく批判された。しかし、リーの中では、彼が広報エージェントとしてペンシルヴァニア鉄道やコロラド炭鉱ストライキのときに行った危機管理広報の手法と、何ら変わっていないと考えていた。

それは、相手と敵対するのではなく、相手を尊重し協調することで問題を解決する広報手法である。リーは、グローバル広報を実践するにあたり、お互いが健全に建設的な態度で応対すれば、必ず物事は上手くいくと考えていた。だから、アメリカが国際連盟に加盟しなかったことは、海外に健全なアメリカを伝える機会を失ったと残念がり、知人に「アメリカ人は不思議な人たちだ。彼らはヴェルサイユ条約を考案して、署名を拒否し、国際連盟を考案して、参加を拒否した」とアメリカ人の性格の不思議さについて語っている[17]。

リーは性善説に基づいた判断や行動を行う傾向があった。たとえば、周囲の批判や助言にもかかわらず、何度もソ連やドイツを訪問し、I・G・ファルベン社の広報活動を通して自身に対する批判が高まる中で、ヒトラーとも面会した。しかし、第5章でみたような批判があったとしても、リーがグローバル広報の概念形成の先駆けであったことは間違いなく、その手法や実践は評価されるものである。

一方、リーはI・G・ファルベン社がナチス・ドイツ政権の広報代理者であることを、最後まで見抜くことができなかったようである。広報エージェントや、PR会社が国際問題のイデオロギーに関与した国際紛争プロパガンダの代表的な事例に、1990年の湾岸戦争時の「ナイラ証言」がある。これは、当時イラクと敵対関係にあったクウェート政府の意向を受けて、ヒル・アンド・ノウルトン社が行った広報キャンペーン「自由クウェートのための市民運動」の一環であり、この証言がきっかけでアメリカを中心とした多国籍軍による湾岸戦争の布石となった。

証言は、「ナイラ」という名前の15歳の女性が、クウェートに侵攻したイラク軍兵士が、病院で新生児を死に至らしめる残虐な行為を行ったのを見た、というものである。しかし、再調査の結果、上記のような事実はなく、またナイラ自身が当時の駐米クウェート大使の娘だったことが後で判明した[18]。これは、アメリカ政府の関与が伝えられた事例であり、ヒル・アンド・ノウルトン社がアメリカ政府との関係から、PR会社としての立場を超え、湾岸戦争という国際イデオロギーに関与してしまった事例と考えられる。また、湾岸戦争と同じ時期に旧ユーゴスラビア「ボスニア紛争」時にボスニアの広報エージェントとしてルーダー・フィン社が行ったロビー活動（167ページ参照）などにも見ることができる。こうした、その後の歴史的事実を知った上でふり返ると、リーが一人で取り組むにはあまりにも大きな問題であり、広報の領分から逸脱していた危うさが見て取れる。1920年代まで数々の成功を成し遂げてきたリーだが、晩年のこれらの活動でその名声に傷がついたのは残念である。

リーは、人は知性的で、異なる信条や文化、イデオロギーの違いがある相手であっても、言葉や文章による説明や説得が機能すると信じていた。また、今までの豊富な経験と実績を持ってすれば必ず成功するという過剰な自信によって、ソ連やナチス・ドイツとも関係を深めてしまった可能性があると考えられる。

『パブリシティ』の中で、リーはプロパガンダの最大の問題は、「情報の出典を明らかにしない点にある」と述べている。このような活動を誰が何のためにこれを行うのか、その本質がわからないまま、パブリックは知らず知らずのうちに、洗脳されていく。これがプロパガンダの本質だと語っている[19]。

前述したように、元々プロパガンダはカトリックの布教活動を推進するためのシステムであり、宣教師たちは聖書に書かれた「事実」を元に、教会や集会で説教を行い、聖書の一文を引用しながら「理性的な」説得活動を行っていた。プロパガンダの元々の理念は『原則の宣言』にも通じるところがあると考えられる。

しかし、第一次世界大戦中、連邦広報委員会（ＣＰＩ）は国民の理性にではなく、感情に訴えた。「大衆のこころを導く」ためのＣＰＩの活動は、国民の参戦への理解及び協力と忠誠を勝ち取るという、政府の最大関心事に都合の良いように、世論は操作されてしまうことを立証した。ＣＰＩの委員長を務めたジョージ・クリールは、「わたしは、世論が感情から作られるなどとは信じない」と書いているが、彼の意見に反してＣＰＩはアメリカ国民の感情に訴えかけ続けたのである[20]。

また、ＣＰＩでポスターや広告のデザイン、イラストレーション制作部門の責任者を務めたチャールズ・ギブソン（Charles Gibson）も「事実を訴えても、戦争への熱狂を作ることはできない」と述べており、戦争に国民を駆り立てるために、彼らは国民の「ハートに訴える」作品を作り続けなければならなかった[21]。

以上のように、プロパガンダにとって、何かを行うときに事実の裏づけや情報の根拠を示すことは重要ではなく、目標に向かってパブリック（世論）の感情を動かし、影響を与え、行動を起こさせることが重要である。リーが信じた事実に基づく議論や理性的な説得とは相容れない壁が存在しているのである。

パーカー&リー社が掲げたモットー「正確性、信頼性、利益」と共に、リーは『原則の宣言』の中で「メディアにも読者にも真に利益（価値）ある情報だけを、常に正確で信頼でき、わかりやすい文章で提供する」ことを約束した。広報エージェントは「事実を伝えること」が最も重要であると考えていたリーにとって、プロパガンダは受け入れることのできない手法だった。

しかし、第5章で見るように、リーがドイツ企業に対して助言した広報活動は、プロパガンダとの区別が難しい。彼は、最後まで自身の活動をプロパガンダとは違うと主張したが、記者や大衆はプロパガンダだと受け止めていた。リーの態度や考えが誤解を招いたのは、彼の性格にも責任の一部はあったのではないだろうか。リーは、クライアントに対して説明責任を果たすよう、いつも助言していたのに対し、自分自身に対する批判や助言に対して、明確な反論や主張を行わなかったのが、誤解を受けた原因である。

ボスニア紛争において、ボスニア・ヘルツェゴビナ側の広報を統括したルーダー・フィン社のジム・ハーフは、こう述べている。「紛争は常に世界のどこかで起きています（中略）。紛争を戦う双方のサイドに言い分はあるはずです。私たちは、そのどちらの側にも立って、世界に向けてその主張を発信するお手伝いができるのです。」[22]。彼らは最後まで仕事をやり遂げた。その結果、ルーダー・フィン社は１９９３年の全米ＰＲ協会（PRSA）の年間最優秀ＰＲ賞に応募し、「危機管理コミュニケーション」部門で最高位（シルヴァー・アンビル）を受賞し、その成果は業界で高く評価されたのである[23]。

しかし、ボスニア紛争を取材した『ドキュメント　戦争広告代理店』著者の高木徹は、国際的な経済制裁を受けていたボスニアの相手であるユーゴスラビアには、ＰＲ会社を雇う金がなかったと解説している[24]。仮に、ユーゴスラビアにＰＲ会社を雇う金があったら、国連や世界世論を舞台にＰＲ合戦が繰り広げられたのかもしれない。

ハーフは、ＰＲ会社の担当ＰＲエージェントとして、嘘や偽の情報ではなくボスニアヘルツェゴビアに関する事実や情報と、記者や世論の記憶に残る印象的なフレーズとを組み合わせて伝えた。しかし、そこに彼の絶妙なプロパガンダのテクニックが絡んでいたことは見逃せない。ハーフの行動には、一見して正義や信念、倫理といったものがなかったような印象も受けるが、彼はクライアントに有利な事実だけを流し続けただけである。そこには、相手を陥れようといった悪意はなく、彼はひたすらビジネスの成功を目指して最善を尽くしていたのである[25]。

この課題に対する明確な答えは導き出せないが、広報エージェントは倫理を持って行動し、リーが指摘したプロパガンダの問題点「情報の出所が明確にならない」仕事は引き受けない、という点を肝に銘じて、筆者は、この課題に向き合いたいと考えている。

第５節　広報エージェントは自己ＰＲすべきか

リーは、クライアントに対して「真実を語れ」「パブリックに正直になれ」「オープンに対応せよ」と助言していたにもかかわらず、自身に対する疑惑や批判に対して、釈明や反論をほとんどしていない。広報エージェントの自己ＰＲが苦手というのは、職業人としての気質であり、黒子に徹する職業という立場上、筆者も共感できる点である。しかし、自身が何者で何をしているかを、オープンにしないというのは、リーが『原則の宣言』で表明した主張と矛盾している。

リーにとって最大の見込み違いだったのは、Ｉ・Ｇ・ファルベン社のアメリカ国内広報担当業務を続けるうちに、ナチス・ドイツ政権との関与を疑われたことである。連邦下院の調査委員会報告書が新聞に掲載され、ヒトラーのアドバイザーとまで書かれたにもかかわらず、リーは一度も公式に反論を発表しなかった。ヨーロッパに滞在中のリーに面会しようとした新聞記者に対して、リーは面会を断り、取材を拒否している[26]。

リーは、しばしば自身の仕事を「クライアントをパブリック（世論）に通訳し、パブリックをクライアントに通訳する」ことだと説明していた[27]。これは双方の代理人だとも解釈できるが、その実態は何なのか、あいまいな感じである。1916年ごろ、リーは自身の職業は「パブリック・リレーションズに係わるもの」だと言うようになった。これは、彼が係わるすべての業務内容を「パブリック・リレーションズ」という言葉の傘で、覆い隠してしまうものである。あいまいな表現ではあるが、業務はブラックボックスの中にあって外からはわからない、という表現があてはまる。さらに1917年以降、リーはパブリシティ・エージェントという呼称を変えて「パブリック・リレーションズのアドバイザー」という肩書きを使用した[28]。

なぜ、リーは自分自身を「パブリック・リレーションズのアドバイザー」と自己紹介するようになったのか。それは、広報エージェントの職務と密接な関係がある。広報エージェントやPR会社はクライアントの黒子に徹するのが基本で、特別な事情がないかぎり表舞台にでることはない。それは、表にでると業務遂行が難しくなるからである。これは、第3章で分析した「ペンシルヴァニア無煙炭」炭鉱ストライキ広報の事例紹介で、経営者側がパーカー&リー社と契約し、リーを会社の広報代理人に指名したことをプレスに伝えたときと矛盾しているが、この事例はリーが会社に広報代理人の存在を明らかにすることで、プレスの信頼を勝ち得ようと、彼自身が業務の成功のために公表を望んだからであり、これは例外中の例外といえる。

また、コロラド炭鉱ストライキ広報の事例では、リーが制作した広報誌に誤りがあり、プレスをはじめ労使関係に影響を与えた。広報誌には発行人として会社名が記載されていたが、編集人としてリーの名前はなかった。しかし、広報誌に対する批判が強まり、この事態を収拾したい会社側がリーに断りなく、彼が編集人であることをプレスに暴露し、リーが窮地に立たされた。

広報エージェントやPR会社がクライアントに提供するサービスは、多種多様で広範囲に及ぶ。PR会社が提供するサービスは「戦略の策定や企画の立案」と「フットワークやオンサイトのサポート」（広報実務支援のこと：筆者注）の2つに大きく分けることができる。また、プレスリリース作成・配信といった、あらかじめ価格が設定されている特定サービスを専門に提供するPR会社もある（井之上）[29]。

PR会社や広報エージェントの業務性格上、どのクライアントと契約し、どのような業務を行っているかについて、クライアントが了承しないかぎり、非公開が一般的である。これは、クライアントが誰に委託しているか知られることを望まないか、秘密保持契約上できない場合が多いからである。これは、マッキンゼー社などの経営コンサルティング・

ファームや広告代理店も同様である。しかし、最近のＰＲ会社や広告代理店はクライアントの承諾の下でクライアント名を開示し、業界団体のカンファレンスや学会などで成功事例を中心にクライアントの関係を開示している[30]。

前述したように、筆者はメーカーで広報を担当していたとき、ＰＲ会社にクライアント名や過去の実績を聞き出そうとした。日本のＰＲ会社は容易に答えてくれたが、外資系ＰＲ会社はクライアントとの秘密保持を理由に教えてくれなかった。広報エージェントとして独立後は、ＰＲ業界の一業種一クライアントの伝統を守りながら、既存クライアントの競合企業との契約を見送り、クライアント名の開示要求を断わり続けている。

ジョン・Ｄ・ロックフェラー（シニア）は、マックレーカーからの批判に対して沈黙や無視を続けた理由を、「批判に反論しその正当性を主張すれば、次の批判に対する反論をしなければならない」と語っている[31]。リーも、ナチス・ドイツ政権への関与について反論や主張をすれば、次の別の何かを反論し証明なければならず、それを行うと何かを失うか傷つけることになると考えて、あえて反論しなかったのではと思われる。これは筆者の想像だが、彼がナチス・スキャンダルから守りたかったことや隠したかった事とは、ロックフェラー家に関するものではなかったか。またリーは、Ｉ・Ｇ・ファルベン社を健全な企業経営に戻そうとするために、ナチス・ドイツ政権から距離を置かせ、彼らの企業広報により深く関与していったという研究もあり、この点はさらなる検証が必要である[32]。

筆者が考える第一の対処は、広報エージェントがクライアントに助言することを、自身も必ず実践することである。クライアントとの秘密保持契約の都合上、開示できない情報があるとしても、できる・できないを明確にすることで、たとえその内容が不完全であっても、無視や沈黙のときよりも、メディアや第三者の理解と一定の評価を得ることができる。第二に、批判や依頼に対して、迅速に対応することである。対応に完全性を目指すあまり、対応が遅れることで小さな批判が雪だるま式に大きくなり、手に負えなくなることがある。クライシス・マネジメントにおける基本はスピードである。広報エージェントは、クライアントに行うメディア・トレーニングの手法を自身にも課すことが求められる。

最後に、広報業務に携わる者は、なぜ自己PRが苦手なのかということの質問に対して、以前ある教授から「それは、広報に携わる者の性だからではないか」という回答をいただいた。これを聞いた筆者はしごく腑に落ちたことを覚えている。筆者に助言をくださった方は長年広告業界で活躍され、現在は大学の学部長としてご活躍中である。彼が広告会社に在籍中に、広報業務の社内研修を受けた時、同じ会社にこのような人たちがいたのか、と驚いたそうである。外見、態度、話しぶりなど広告担当と広報担当はこうも違うものなのか、その後の仕事を通した付き合いの中から、筆者の質問に対してこの答えが浮かんだという。

終章　本書の意義とリーに関する書籍や論文

本書の意義

カトリップが指摘するように、パブリック・リレーションズとは「企業や団体とパブリックとの相互理解を実現するための双方向コミュニケーションを、マネジメントする手法」である。世界最大の工業国となり、また世界の政治リーダーとして国際社会での存在感を増しつつあった20世紀初頭のアメリカの企業には、パブリック・リレーションズという新しいマネジメント手法が必要であり、それを実践できるプロフェッショナルが求められた。ペンシルヴァニア鉄道の幹部は、リーを広報顧問に迎えた理由について尋ねられ、会社には彼の経験が必要だったと答えている。

急速な工業化と経済市場の発展、移民の大量流入、新聞メディアの普及によるパブリック（大衆）の形成など、大企業の経営者やアメリカ政府指導者を取り巻く環境は激しく変化し続けた。このため、従来の人事制度や組織運営、組織内のコミュニケーションが通用しなくなったのである。彼らにはステークホルダーとのコミュニケーションを確立する必要があったが、それをマネジメントする専門職がいなかった。

リーの初期の活動は、クライアントのクライシス・マネジメント広報であり、危機管理広報だった。彼は、新聞記者時代の経験から、パブリックの批判を押えるというより、彼らの理解や支持を得るためには、事実を正直に何度も伝えることの重要性を理解していた。

また、20世紀初めは企業や経営者にとって、パブリックに対して沈黙ではなく、説明責任を果たすことが求められる時代となっていた。『原則の宣言』は、リーの理想を示すと共に、企業や経営者に対して時代の要請に対する対処法を示したものである。彼の活動や発言によって、パブリック・リレーションズという専門分野の方向性が明確となり、広報エージェントは新たな専門職として認知され発展することになった。

広報エージェントの概念形成につながる実績

『体系パブリック・リレーションズ』では、「パブリック・リレーションズとは、組織体とその存続を左右するパブリックとの間に、相互に利益をもたらす関係性を構築し、維持するマネジメント機能である」と定義している[1]。日本PR協会は、この定義を補足し、「これは、企業、行政、学校、NPOなどあらゆる組織が、それを取り巻く多様な人々（今日ではそれをステークホルダーと呼ぶ）との間に〝信頼関係〟を築いていくための思考・行動」だとしている[2]。

リーは30年のキャリアの中で数多くの実績を残し、現代の広報業務の基盤を作った。第4章で述べた通り（１０２ページ参照）第一に『原則の宣言』を発表し、広報エージェントの行動規範を明確にした。こうした定義の原型が、リーの業績の中にあると、筆者は考えている。第二に初めてプレスリリースを実用化し、記者会見を開催するなど、現代パブリック・リレーションズにおける重要な広報システムを確立したこと。第三にクライアントとパブリック間の「双方向コミュニケーション」の重要性を訴えたこと。そして、もう一つは広報エージェントのクライアント企業への経営の助言や関与の必要性である。それぞれについて、以下に考察を加えておきたい。

『原則の宣言』の発表

リーの初期の行動は、自身が考えるパブリック・リレーションズを実践するための場でもあった。たとえば、『原則の宣言』で明示した、記者や大衆に対する「正直」、「正確」、「オープン」な情報提供をはじめ、追加取材やさらなる情報提供の要求に対する継続的な対応は、20世紀初期の他の広報エージェントの職務姿勢と相反するものだった。

なぜなら、リーの提供する「ニュースは迅速かつ正確で、オープンで透明性が高い」のであり、これを証明するために彼は「ペンシルヴァニア無煙炭」炭鉱ストライキ広報において、企業経営者が署名する公式見解（ステートメント）を会議終了後に必ず作成し、新聞社に配布した。経営者の署名は、情報源（ソース）を明確にすると共に、情報の正確性や信用を担保するものとなった。また、第3章で分析したとおり、ペンシルヴァニア鉄道事故広報では記者を事故現場に招待し、自由な取材を許可した。これらは、リーが新聞記者として企業や経営者ならびに彼らの代理人である広報エージェントに対して強く望んでいたことを、自ら実践したものである。

プレスリリースと記者会見システムの実用化

プレスリリースとは、「ニュース素材（経営情報、マーケティング情報など）を報道機関へ伝えるための一定の形式を持った発表文」のことである(3)。リーは、ペンシルヴァニア鉄道事故広報では、記者にとって価値ある情報提供手段として、企業や経営者にとっては情報を公平かつ正確にプレスに届ける手段として、プレスリリースを初めて実用化したのである。また、リーはプレスリリースの配信方法にも工夫を重ねており、郵送や電信（電報）のほかに、ニューヨークの自身の事務所に新聞各社を呼び出して、プレスリリースを直接渡していた(4)。

リーは、20世紀初めの広報エージェントとして初めて、現代の記者会見方式の取材システムを実践した(5)。彼は、ジョン・D・ロックフェラー（シニア）をはじめ、ベツレヘム・

スチール社のチャールズ・シュワブやクライスラー社などを対象とした記者会見を開催している。これは、リーが司会進行役を務め、出席した記者を一人一人紹介した後、会場で配布された公式見解について質疑応答を行うもので、記者会見に対するプレスのメリットは、単独では会うことのできない企業経営者に取材することができるほか、公式見解（ステートメント）を入手して、最低でも記事を作成できることである。記者にとってのデメリットは、限られた時間内では十分な取材ができなかったことである。

企業や経営者のメリットは、一度に複数の記者と会うことで、同じ質問や取材を何度も請ける必要がなく、また記者にオープンに対応するという姿勢を示すことができた。デメリットとしては、厳しい質問に対して逃げ場がなくその場で答えなければならない状況があった。しかし、リーはそのような状況で巧みに質問をさえぎり、ノーコメントとして記者の質問をかわし、司会進行を管理していた(6)。

双方向コミュニケーションの実践

リーが広報エージェントとして活動を開始した20世紀初めのアメリカは、革新主義の時代を迎え、第1章で解説したように急速に工業化が進み、市場を独占する大企業が現れ、大量生産・大量消費の一般市場が誕生した時代である。また、新聞や雑誌に代表されるマスメディアの普及ならびに国民の識字率の向上により、企業や経営者は記者や大衆から今まで以上に批判され、それに応えなければならなくなった。

もはや企業経営者にとって、ヴァンダービルドのような「国民はくそくらえだ」という発言は許されるものではなく、今までのような無視や沈黙も通用しなくなっていた[7]。20世紀にはいると、アメリカでは企業の社会的責任（Corporate Social responsibility：CSR）が問われ始めたのである。CSRとは「コンプライアンス（法令遵守）にとどまらず、高い倫理観に基づく経営方針と行動」のことであり、リーの双方向コミュニケーション活動は、現代のCSR活動の先駆けだったと考えられる[8]。

広報エージェントとしてクライアントの企業経営に関与する必要性

リーは当時としては珍しく、広報エージェントとして企業経営者に積極的な助言を行い、成果を出してきた。たとえば、「無煙炭」炭鉱ストライキ広報では経営側と交渉し、広報エージェントが企業の代表として、新聞社との交渉窓口を認めさせた。彼のメディアとの良好な関係構築によって、会社側に好意的な記事掲載が行なわれた結果、大衆は炭鉱会社に対する理解を深め、労使関係も最悪の事態を免れることができた。

また、ペンシルヴァニア鉄道脱線事故の広報では、従来の慣習に基づいて取材拒否を決めた経営陣を説得して、事故現場に記者たちを招待した。追加取材など柔軟に対応した結果、同時期に脱線事故を起こした競合する鉄道会社が取材拒否したのとは対照的に、ペンシルヴァニア鉄道の評判は高まった。この結果を見た同業他社の経営陣が、この事故以降、事件や事故は隠すものではなく、伝えるものだ、という経営判断をするようになり、鉄道会社の広報活動が大きく変わったのである。

現代では、パブリック・リレーション活動は企業経営にとって極めて重要なものである。企業や経営者がその重要性を理解して実践できるよう、広報エージェントの存在や役割はますます重要になってきたが、リーはその先駆けだったのである。

現代に生きるリーの広報理念

リーが理論化し、実践したこれらの広報手法は、現代アメリカの大企業や経営者が直面した問題を解決するために、不可欠な経営手法の一部となった。リーの実績は、20世紀初めにおける広報エージェントの概念形成に貢献し、現代パブリック・リレーションズにおける重要な要素となったのである。特に、双方向コミュニケーションは、現代企業にとって企業の社会的責任（ＣＳＲ）を果たす上で極めて重要な要素となっている。

リーの功績は彼の死後、パブリック・リレーションズのプロたちから改めて評価されている。米国ＰＲ協会（Public Relations Society of America：PRSA）が１９７０年に行った、20世紀における最も重要なパブリック・リレーションズの専門家を選ぶ投票において、全会員のうち６４０名がアイビー・リーに投票し、１位に選ばれている。このように、アイビー・リーは、今日のパブリック・リレーションズの礎を築いたパイオニアであり、現代広報エージェントの概念形成に貢献した人物だったのである。

リーに関する書籍や論文

本書は、アイビー・リーの生い立ちから30年におよぶ広報エージェントとしての実績、クライアントやジャーナリストおよび研究者の評価、ならびに現在入手可能な国内外の専門書や先行研究の調査を通して、「パブリック・リレーションズのパイオニア」の人物像を明らかにしようと試みた。

しかし、著者が執筆を通して痛感したのは、国内で執筆され、あるいは翻訳出版されている広報の専門書や国内の研究論文のほとんどが、リーの広報エージェントとしての実績を表面的・断片的に紹介しているにすぎないことである。本書を締めくくるにあたり、国内の専門書や研究論文の中で、リーがどのように紹介されているか、参考文献を整理しておきたい。

リーの名前が登場する、国内で最も古いと思われる書籍は『プロパガンダ』(小西鉄雄、1930)である。本文ではリーに関する記載はないが、巻末の参考文献一覧に彼の講演録『Publicity』(1925)が紹介されている。『ゲッベルス』(クルト・リースCurt Riess、1948)は、著者が第二次世界大戦後にゲッベルスの関係者に直接取材した労作で、リーがクライアントのI・G・ファルベン社を通してドイツ・ナチス政権と関わっていた事実を詳しく紹介している。第二次世界大戦終了後の約10年間、国内では広報（パブリック・リレーションズ）に対する関心が高まった時期があった。その時期に刊行されていた証券業界の広報誌『パブリック・リレーション』（日本証券投資協会、1950）に、リーの経歴を紹介するコラム「PRの父、アイビー・リーの横顔」が掲載されている。

アメリカの歴史家レイ・ヒーバート（Ray Hiebert）の『Courtier to the Crowd』（「大衆の下僕」、タイトル訳は筆者、未訳、1966）は、リーの唯一の伝記であり、広報専門書や欧米の論文に数多く引用されている。『PRハンドブック4th Edition』（スコット・カトリップほか、1974）は、リーの伝記『Courtier to the Crowd』を元に、第4章「1900年以降―起こり」の中で、6ページにわたってリーの生涯と広報エージェントとしての実績を紹介しているが、『体系パブリック・リレーションズ9th edition』（スコット・カトリップほか、2008）では、第4章「パブリック・リレーションズの歴史的発展」の「初期のパブリック・リレーションズ会社」では1ページ半程度の紹介に留まっている。

『アメリカ企業イメージ―企業とPR、1900年～1950年―』（リチャード・S・テドロウ、1979）は、現代アメリカの成長と企業PRの歴史的発展の過程を解明するもので、書籍の調査期間がリーの活動期間を包括していることから、ほぼ全編にわたってリーに関する詳細な記述がある。『広報・宣伝の理論』（三浦恵次、1997）は、『アメリカ企業イメージ―企業とPR、1900年～1950年―』の翻訳者である著者が、1991年に東京大学で行った講義「広報・宣伝の理論」を元に執筆したもので、「Ⅱ歴史第3章 日本PR前史 3―1日本PR前史」では4ページにわたってリーを紹介している。

『広報・パブリックリレーションズ入門』（猪狩誠也編、2007）は、「PRの父アイビー・リー」として、記者時代から最初のPR会社設立、ペンシルヴァニア鉄道事故後の広報活動まで紹介しているが、『原則の宣言』には触れていない。『CC戦略の理論と実践』（猪狩誠也ほか、2008）の記述内容は『広報・パブリックリレーションズ入門』とほぼ同じで、『原則の宣言』の要約が追記されている。『実践 企業広報』（小野豊和、2007）では、リーが活躍した時代背景をはじめ、PRエージェントに転進した経緯、『原則の宣言』ならびにペンシルヴァニア鉄道事故後広報について解説している。『増補版日本の広報・PR100年』（猪狩誠也編著、2015）では、アメリカで誕生したパブリック・リレーションズの歴史を紹介する中で、リーと彼の代表的な事例としてペンシルヴァニア鉄道事故広報にふれている。

日本パブリックリレーションズ協会が認定する、PRプランナー1次試験対応テキストの『広報・PR概論』（日本PR協会編、2015）は、「第1章 パブリックリレーションズの基本」のなかで、「近代PRの父アイビー・リー」としてペンシルヴァニア鉄道事故広報を紹介している。『パブリックリレーションズ第2版』（井之上喬、2015）では、第2章「パブリック・リレーションズの歴史的背景」と「資料2」の中で、リーの活動の歴史的位置付けを紹介している。『広報・PR論』（伊吹勇亮ほか、2014）ではペンシルヴァニア鉄道事故対応のプレスリリース活用について述べている。

国内論文では、「歴史に見る行政パブリック・リレーションズ概念の形成」（白石陽子、2005）が、第3章「近代パブリック・リレーションズの発展」第1節で、リーの初期の実績を紹介している。

「米国におけるパブリック・リレーションズの発展の分析・考察と新しいモデルの提案」（井之上喬、2002）は、「2．米国におけるパブリック・リレーションズの発展」の中で、広報の床苗期で活躍した広報エージェントのひとりとしてリーを紹介している。「21世紀における企業広報の研究領域（1）―企業広報の発展、定義、技術、特質―」（宣京哲、2010）では、広報の定義に関する議論の中でリーの実績を紹介している。

研究ノートでは「アイビー・リー、エドワード・バーネイズとJ・W・トンプソンの研究～現代広報の父と雑誌広告の父」（村尾俊一、2015）が、リーとバーネイズのビジネスモデルを比較している。

このほかに、本書執筆にあたり『原則の宣言』やコロラド炭鉱ストライキ広報に関する海外研究論文を参照した。また、マスメディアの研究者やリーのクライアントだったロックフェラー家の伝記、アメリカの歴史解説書、専門家のブログにリーに関する記述があり、本書では参照及び引用した。

おわりに

本書は、主に海外文献や研究論文の調査・分析を通して、「パブリック・リレーションズのパイオニア」アイビー・リーの全体像を明らかにすると共に、現代パブリック・リレーションズの概念形成における彼の貢献を紹介したものである。

30年間の広報エージェントのキャリアの中で、リーが手掛けた広報事例は広範囲にわたり、その中から代表的な事例分析を通して、彼の広報手法を検証した。興味深いことに、100年以上も前に彼は今日のコーポレート・コミュニケーションで注目されているクライシス・マネジメントや企業の社会的責任（CSR）に取り組んでいたことがわかった。当時の企業や経営者が事件事故を隠蔽し、メディアや大衆を無視するのが一般的だった時代に、リーが彼らを説得しながら広報活動を展開する過程は、現代の広報担当者の苦労を見るようである。

また、事例検証を通して、リーが抱えていた課題と現代の広報エージェントが直面している課題の共通性に注目し、どうすればこれらの課題を克服できるか、著者なりの答えを見出そうとしたものである。

筆者は、社会人として働きながら大学院の修士論文を作成する過程で、偶然にも50年前に出版されたアイビー・リーの伝記を入手することができた。伝記を読み、海外の先行研究を調査するうちに、リーが現代広報の概念や一般的に用いられている多くの広報手法を発案した広報エージェントであり、現代パブリック・リレーションズの概念形成に貢献した、真のパイオニアだったと確信するに至った。２０１５年6月、筆者はニューヨーク市立大学バルク・カレッジにある「ＰＲ博物館」（The Museum of Public Relations）を視察し、リーの講演集「Publicity」の原本をはじめ、当時の貴重な文献を調査した。本書は修士論文を再構成し、新たな事例を追加したものである。

ちなみに、ＰＲ博物館は、主にアメリカの大学・研究機関・研究者・大手ＰＲ会社の寄付によって運営されている。しかし、寄付中心の運営は厳しく、２０１７年1月31日をもって閉鎖される予定である。寄付に関心ある方は、公式サイト（www.prmuseum.org）を参照してほしい。

本書で取り上げた事例分析や筆者の考察は未熟な部分が多い。内容に対するご意見やご指摘は大歓迎であり、お知らせくだされば幸いである。

本書の執筆にあたり、多くの皆さまから多大なご支援ご指導を賜ったことを、改めて感謝申し上げたい。東京経済大学コミュニケーション学部の駒橋恵子教授は、修士論文の個別指導を通してテーマ選択をはじめ論文作成過程すべてにわたり、適切かつ明確なご指導をくださった。同大学の長谷川倫子教授は、サブゼミを通して英語文献の読解演習ならび

写真22．PR博物館にてロフ教授と筆者

に英文表記に関するご助言をくださった。同じく川井良介教授は、ジャーナリズム論の講義において、プロパガンダ概論ならびにその出版事例をご教授くださった。

米ニューヨーク市立大学バルク・カレッジのサンドラ・ロフ（Sandra Roff）教授（アーカイブ及び特別コレクション部門主任）は、2015年6月のPR博物館訪問の日程調整ならびに、希望資料の閲覧をご手配くださった。特に、リーの講演録『Publicity』原本や『原則の宣言』が初めて公開された記事など、貴重な資料の閲覧は大変参考になった。米ジョージア大学のキャレン・ラッセル（Karen Russell）准教授は、『原則の宣言』の発表年次に関する貴重なご助言をくださった。

株式会社同友館の佐藤文彦氏は、限られた時間の中でプロフェッショナルのお立場から、出版に関わるすべての工程でご助力くださった。改めてお礼申し上げたい。

最後に、大学院在籍から執筆までの間、終始支えてくれた妻と母に感謝したい。二人の支援がなければ、本書は完成しなかった。

［PR博物館（The Museum of Public Relations）について］

19世紀末から現代に至る，アメリカのパブリック・リレーションズに関する貴重な資料を公開している。見学・利用は事前申込が必要。

住所：Baruch College（ニューヨーク市立大学内）
151 East 25th Street, New York, NY10010

メール：info@prmuseum.org

Web：www.prmuseum.org

・アメリカドルの価値を年代ごとに調べることができる，「インフレーション・カリキュレーター」サイト。

www.westegg.com/inflation/

1800年以降のドルの価値を比較することができる。

19. Marcia Reiss, Evan Joseph, *New York- THEN AND NOW* (Thunder Bay Press, 2013)
20. Vincent Virga, *HITORICAL MAPS AND VIEWS OF NEW YORK* (BLACK DOG & LEVENTHAL PUBLISHERS, 2008)

8. Kirk Hallahan, *Ivy Lee and the Rockefeller's Response to the 1913 -1914 Colorado Coal Strike*（Colorado State University, 2002）
9. Tom Watson, *The evolution of public relations measurement and evaluation*（Bournemouth University, 2011）

近現代のアメリカ史，世界史，ロックフェラー家に関連する文献

1. 有賀夏紀『アメリカの20世紀（上)』（中公新書，2002）
2. 有賀貞他『世界歴史大系 アメリカ史2』（山川出版社，1993）
3. 有賀貞『ヒストリカルガイドUSA（改訂新版』（山川出版社，2012）
4. 池田智監修『英和 アメリカ史学習基本用語辞典』（アルク，2001）
5. ロバート・オザーン／伊藤健市訳『アメリカ労使関係の一系譜―マコーミック社とインターナショナル・ハヴェスター社』（関西大学出版部，2002）
6. 黒川勝利「1902年アメリカ無煙炭ストライキとその周辺」（『岡山大学経済学会誌17』（3･4），1986）
7. 猿谷要編『アメリカ史重要人物101』（新書館，2001）
8. 白髭武『アメリカマーケティング発達史』（実教出版，1978）
9. 佐々木隆，大井浩二『史料で読むアメリカ文化史3 産業社会の到来 1860年代―1910年代』（東京大学出版会，2006）
10. 西川秀和『アメリカ大統領制度史 下巻』（デザインエッグ，2013）
11. ロン・チャーナウ／井上廣美訳『タイタン ロックフェラー帝国を創った男（上）（下)』（日経BP社，2000）
12. デイヴィッド・ナソー／井上廣美訳『新聞王 ウィリアム・ランドルフ・ハーストの生涯』（日経BP社，2002）
13. ウィリアム・マクニール『世界史（下)』（増田義郎，佐々木昭夫訳，中公文庫，2008）
14. マール社編集部編『100年前のニューヨーク』（鈴木智子訳，マール社，1996）
15. クルト・リース／西城信訳『ゲッベルス ヒトラー帝国の演出者』（図書出版社，1971）
16. デイヴィッド・ロックフェラー／楡井浩一訳『ロックフェラー回顧録』（新潮社，2007）
17. 和田光弘『大学で学ぶアメリカ史』（ミネルヴァ書房，2014）
18. Allan Nevins, *John D. Rockefeller*（Charles Scribner's Sons, 1940）

21. スチュアート・ユーウェン『PR! 世論捜査の社会史』(平野秀秋，他訳，法政大学出版局，2003)
22. Edward Bernays, *Crystallizing Public Opinion* (IG Publishing, 2011)
23. Edward Bernays, *Propaganda* (IG Publishing, 2005)
24. Edward Bernays, *Public Relations* (University of Oklahoma Press, 1977)
25. Eric Goldman, *Two-Way Street. The Emergence of the Public Relations Counsel* (Bellman Publishing, 1948)
26. James E. Grunig, Todd Hunt, *Managing Public Relations* (CBS College Publishing, 1984)
27. Ray E. Hiebert, *Courtier to The Crowd; The Story of Ivy Lee and the Development of Public Relations* (「大衆の下僕」，Iowa State University Press, 1966 未訳)

論文，研究ノート，ブログ

1. 白石陽子「歴史に見る行政パブリック・リレーションズ概念の形成」(立命館大学『政策科学』13-1，2005年10月)
2. 村尾俊一「アイビー・リー，エドワード・バーネイズとJ･W･トンプソンの研究～現代広報の父と雑誌広告の父」(日本広報学会『広報研究』第19号，2015年3月)
3. 井之上喬「米国におけるパブリック・リレーションズの発展の分析・考察と新しいモデルの提案」(『情報文化学会論文誌』Vol.9, No.1 (pp.61-75, 2002年)
4. 宣京哲「21世紀における企業広報の研究領域 (1) ―企業広報の発展，定義，技術，特質―」(神奈川大学大学院経営学研究科『研究年報』第14号，2010年3月)
5. 「井之上ブログ パブリック・リレーションズの巨星たち 1. PRの父，アイビー・リー (1877～1934)」http://inoueblog.com/archives/2005/08/pr18771934.html (2015年3月1日閲覧)
6. Karen Miller Russell/Carl O. Bishop *Understanding Ivy Lee's declaration of principles: U.S. newspaper and magazine coverage of publicity and press agentry, 1865-1904* (University of Georgia, Elsevier, 2009)
7. Lynn M. Zoch/Dustin W. Supa/Debra R. VanTuyl, *The portrayal of public relations in the era of Ivy Lee through the lens of the New York Tines* (Elsevier, 2013)

【参考文献】

広報，プロパガンダ，アイビー・リー，広告に関連する文献

1. 猪狩誠也ほか『CC戦略の理論と実践』（同友館，2008）
2. 猪狩誠也編『広報・パブリックリレーションズ入門』（宣伝会議，2007）
3. 猪狩誠也編著『増補 日本の広報・PR 100年』（同友館，2015）
4. 井之上喬『パブリック リレーションズ第2版』（日本評論社，2015）
5. 伊吹勇亮ほか『広報・PR論』（有斐閣，2014）
6. 小野豊和『実践 企業広報』（関西学院大学出版会，2007）
7. ポール・アージェンティ，ジャニス・フォーマン/矢野充彦訳『コーポレート・コミュニケーションの時代』（日本評論社，2004）
8. スコット・M・カトリップ，アレン・H・センター/松尾光安訳『PRハンドブック』（日刊工業新聞社，1974）
9. スコット・M・カトリップ，アレン・H・センター，グレン・M・ブルーム『体系パブリック・リレーションズ』（日本広報学会監修，ピアソン・エデュケーション，2008）
10. プラトカニス，E.アロンソン/社会行動研究会訳『プロパガンダ 広告・政治宣伝のからくりを見抜く』（誠信書房，1998）
11. 小西鉄雄『プロパガンダ』（平凡社，1930）
12. リチャード・S・テドロウ/三浦恵次監訳『アメリカ企業イメージ―企業とPR，1900年～1950年―』（雄松堂出版，1989）
13. 高木徹『ドキュメント 戦争広告代理店～情報操作とボスニア紛争』（講談社，2005）
14. 日本証券投資協会『パブリック・リレーションズVol.1，No.3』（1950）
15. 日本パブリクリレーションズ協会『広報マスコミハンドブック2014』（日本PR協会，2014）
16. 日本PR協会編『広報・PR概論』（同友館，2015）
17. エドワード・バーネイズ/中田安彦訳『プロパガンダ（新版）』（成甲書房，2010，Edward Bernays, *Propaganda* IG Publishing, 2005）
18. 三浦恵次『広報・宣伝の理論』（大空社，1997）
19. ウォルター・リップマン『世論（上）』（掛川トミ子訳，岩波文庫，1987）
20. 「急成長するPRベクトルが掴んだノンクレジット広告の落とし穴 ステマ症候群」（週刊ダイヤモンド，2015年11月7日号）

(28) 前掲，p.87
リーは自身の役職や職業名を何度も変えている。たとえば，広報エージェントとして独立当初は，他のエージェントと同じく「パブリシティ・エージェント」や「パブリシスト」と名乗っていた。しかし，ペンシルヴァニア鉄道事故広報以降は，自身を「インター・リレーションズ」（当事者間）や「ヒューマン・リレーションズ」（人事，社内）に係わる仕事をしていると紹介した。その後，「インダストリー・リレーションズ」（産業），「トレード・リレーションズ」（取引，貿易）を使用するようになり，第2章で分析した鉄道運賃得上げキャンペーンなどで使用した。
(29) 井之上（2015），p.193
(30) 電通PR「Our works事例紹介」http://www.dentsu-pr.co.jp/ourwork/（2015年12月20日閲覧）
米ヒル・アンド・ノウルトン社は，同社のWebサイトで「当社は，世界中でフォーチュン500社の半数以上と取引をしたことがある（We have worked with more than half of all Fortune 500 companies somewhere in the world）」と記しているが，クライアント名は公開していない（http://www.hkstrategies.com/about-us/legacy）2015年12月20日閲覧
(31) チャーナウ（下，2000），pp.197-198
(32) カトリップ（1974），pp.87-88

終章

(1) カトリップ（1974），pp.43-46
(2) ヒーバート（1966）p.93
(3) The Museum of Public Relations, *The Most Important PR Figures In The 20th Century*, June 3, 2015 http://www.prmuseum.org/blog/2015/6/3/the-most-important-pr-figures-in-the-20th-century, 2015年10月1日閲覧
投票結果は次のとおり。2位はジョン・ヒル（ヒル・アンド・ノウルトン共同設立者），以下ペンドルトン・ダドレィ（D-A-Y），カール・ボイヤーで，バーネイズは5位だった。

投票結果の詳細及び解説はDavid Lewis, *The Outstanding PR Professional-Ivy Lee heads the list of leaders as determined by a University of Michigan study-*

筆者は広報業界で28年活動しているが，ベクトルが指摘するような「PR業界におけるメディアとの取引は，広告枠を購入するという形ではなく，必要に応じて編集協力費を支払うという商習慣が存在」しているというのは初耳である。

(14) 紛らわしいが，パブリック・リレーションズの手法の一つに広告が含まれることは多い。リーも，鉄道運賃値上げキャンペーンでは，鉄道会社のメッセージを企業広告として新聞に出稿した。しかし，製品広告はパブリック・リレーションズには含まれない。

(15) ヒーバート（1966），p.257

(16)「戦争はPRによって操作される」（http://sekainoura.net/sensou-pr.html）2015年12月20日閲覧
WiKi「ナイラ証言」(https://ja.wikipedia.org/wiki/% E3% 83% 8A% E3% 82% A4% E3% 83% A9% E8% A8% BC% E8% A8% 80）2015年12月20日閲覧
「ナイラ証言」とは，15歳の女性「ナイラ」が1990年10月10日に非政府組織トム・ラントス人権委員会で，クウェートに侵攻したイラク軍兵士が，病院で新生児を死に至らしめる残虐な行為を行ったというものである。当時，メディアはクウェートに入国できなかったため，この証言が信憑性のあるものとされ，アメリカ合衆国上院議員や大統領も引用した。しかし，クウェート解放以後，メディアが同国内に入り取材が許された結果，新生児の件は虚偽であった事が発覚した。再調査の結果，上記のような事実はなく，またナイラは当時の駐米クウェート大使の娘だったことが判明した。

(17) ヒーバート（1966），p.88

(18) Lee, *PUBLICITY*（1925），pp.22-24

(19) 前掲（1925），pp.17-19

(20) ユーウェン（2003），p.154

(21) 前掲，pp.154-155

(22) 高木徹『ドキュメント 戦争広告代理店～情報操作とボスニア戦争』(2005)，p.384

(23) 前掲，p.376

(24) 前掲，pp.380-382

(25) 前掲，pp.398-399

(26) ヒーバート（1966），p.59

(27) 前掲，P.311

私の理論は（中略），仲介者としての行動をすべきではないということだ。（中略）私の考えは，パブリシティの依頼主本人が，自らのパブリシティを行う人となるべきだということである」

(2) 前掲，p.59

(3) ヒーバート（1966），pp.224-228

(4) 井之上（2015），p.3

(5) 前掲，p.5

(6) 前掲，p.144

(7) テドロウ（1989），p.226

(8) 前掲，p.226

(9) 前掲，pp.228-229

(10) 前掲，p.230
1924年の『アドバタイジング・クラブ・ニュース』誌は，すべての無料パブリシティに対する『ニューヨーク・タイムズ』紙の記者の批判に対して，パブリシティにもいろいろあり，ニュース価値の高いものを，提灯記事や俗悪記事と一緒に否定することはできない，と異議を唱えている。

(11) リーの評判を聞きつけて，ある企業経営者が彼に『ニューヨーク・タイムズ』紙の1面に当社の記事を出してもらえないかと依頼した。リーは，即座にこの依頼を断り，パブリシティと広告の違いを説明して，私は広告はやりませんと返事をしている。

(12) 井之上（2015），p.298

(13)「特集2 ステマ症候群」（『週刊ダイヤモンド』2015年11月7号），pp.126-133
ベクトルは，インタビューで「必要に応じて編集協力費を支払うという商習慣が存在しており，それに基づいた活動がステルス・マーケティング扱いされたことを反省し，今後はやめる」と述べている。しかし，『週刊ダイヤモンド』誌の当該号発売後，ベクトルは同誌の記事掲載に抗議する公式声明を発表した（「弊社に関する「週刊ダイヤモンド」の報道について」2015年11月2日，http://vectorinc.co.jp/news/wp/wp-content/uploads/2015/11/%E5%BC%8A%E7%A4%BE%E3%81%AB%E9%96%A2%E3%81%99%E3%82%8B%E3%80%8C%E9%80%B1%E5%88%8A%E3%83%80%E3%82%A4%E3%83%A4%E3%83%A2%E3%83%B3%E3%83%89%E3%80%8D%E3%81%AE%E5%A0%B1%E9%81%93%E3%81%AB%E3%81%A4%E3%81%84%E3%81%A6.pdf）2015年12月20日閲覧。

ドルフ・ハーストの生涯』（2002），pp.585-599
第31章「ハーストとヒトラー」によれば，ハーストは新聞販売拡大のために，ヒトラーさえも利用しようと，実際に面会までしている。しかし，ヒトラーとの面会が問題視され，ハーストは自ら事態収拾に追われた。

(27) クルト・リース/西城信訳『ゲッベルス ヒトラー帝国の演出者』（図書出版社，1971），pp.127-128

(28) ヒーバート（1966），p.289

(29) 前掲，p.291

(30) 国家社会主義ドイツ労働者党（ナチス）が台頭し始めた1932年ごろから，I.G.ファルベンはナチスに接近し始め，人材及び物資両面で支援を強めていった。（WiKi）
https://ja.wikipedia.org/wiki/IG%E3%83%BB%E3%83%95%E3%82%A1%E3%83%AB%E3%83%99%E3%83%B3%E3%82%A4%E3%83%B3%E3%83%89%E3%82%A5%E3%82%B9%E3%83%88%E3%83%AA%E3%83%BC, 2015年12月20日閲覧）

(31) ヒーバート（1966），p.301

(32) 前掲，p.302

(33) エンバーゴ（Embargo）は，元は海運業界用語。一般的に政府命令や戦争等非常事態により，貨物の種類，路線，期間等を限定して受託停止を定めている品目を指す。パブリック・リレーションズでは，日本語で「報道解禁時刻」ともいうが，企業の広報やPR会社から「今日の発表内容は，ｘｘ日のｘ時までエンバーゴでお願いします」や，プレスリリースに「ｘｘ日ｘ時前の公開禁止」などと記されている。

(34) 前掲，pp.301-302

(35) ユーウェン（2003），pp.105-106

(36) 前掲，p.302

(37) アージェンティ他（2004），p.27

(38) カトリップ（1974），p.77

第6章

(1) テドロウ（1989），pp.42-43
クリーは，広報エージェントは企業経営者に思い切って話すように，またクライアントの役割について，こう述べている「パブリシティ・マンにかんする

(7) 前掲，pp.258-259

(8) 前掲，p.60

ロンドン滞在中，リーはロンドン・スクール・オブ・エコノミクスで，アメリカの鉄道業界や金融業界の現状，アメリカ経済や工業の発展などに関する講義を行っている。

(9) 前掲，p.257

(10) 前掲，p.258

(11) 前掲，p.259

ESUは，英語を母国語とする諸国間の相互理解の促進と交流の活性化を目的として，1918年に英国で設立され，1920年には米国でも活動を開始した。現在，世界40ヵ国以上で現地支部が設立されており，日本には1998年に支部が設立された。

(12) 前掲，p.272

(13) 前掲，p.273

(14) 前掲，p.259

(15) 前掲，p.259

中綴じに二人が庭園の橋の前に並んだ写真が掲載されている。

(16) 前掲，p.260

リーが亡くなる2ヵ月前のイギリス訪問だった。

(17) 前掲，p.260

(18) 前掲，p.272

(19) 前掲，p.274

(20) Institute of Pacific Relations（http://www.pacificaffairs.ubc.ca）2015年12月20日閲覧

(21) ヒーバート（1966），p.280

(22) 前掲，p.280

(23) 前掲，p.283

ヒーバートは，ソ連のマクシム・リトヴィノフ外相がリーに送った電報の出典を明らかにしていない。彼はプリンストン大学のIvy Lee Papersで発見したか，関係者へのインタビューで電報の存在を知ったのかもしれない。

(24) 前掲，pp.286-287

(25) 前掲，p.287

(26) 前掲，p.288，デイヴィッド・ナソー／井上廣美訳『新聞王ウィリアム・ラン

(27) バーネイズ（2010），pp.216-220
(28) アージェンティ（2004），pp.31-32
(29) 前掲，pp.34-35
(30) ユーウェン（2003），p.17
(31) バーネイズ（2010），pp.230-231
(32) テドロウ（1989），p.59
(33) 前掲，p.55
(34) 前掲，p.140，バーネイズの自著『Idea』pp.288-289
(35) テドロウ（1989），p.273
『アトランティック』誌の編集長エレリー・セジウィックは，バーネイズに出した手紙のなかで，「(中略) あなたは人生をビリヤード台のようなものと考えられるでしょう。直接的なストロークは禁じられる。そして，貴方の速い玉は状況というクッションに当たって，つねに跳ね返り，直接ではなく間接的に状況に影響を与える」と書いている。
(36) 前掲，p.209

第5章

(1) ユーウェン（2003），p.132
(2) 前掲，p.138
ウィルソン大統領の顧問を務めていたウォルター・リップマンは，大統領に対して「政府直轄のニュース機関を設置し，これによってこの戦争が「世界をデモクラシーにとって安全なものとするため」の戦争であることを広告するようにと，強く勧告している（前掲，p.137)。なおリップマンは，CPIには参画していない。
(3) 前掲，pp.140-161
(4) 三浦恵次『広報･宣伝の理論』(大空社，1997)，p.25
リーは関係者を通して，CPIの内情に詳しかったと思われるが，CPIのメンバーではない。
(5) ユーウェン（2003），p.106
クリールは『ハーパーズ・マガジン』誌で，リーが編集したコロラド争議対策広報誌を「現状にたいするまったく話にならない見解」であり，「パブリック・オピニオンの毒草」とリーを批判している。
(6) ヒーバート（1966），p.255

イツ社はボイヤーが亡くなった後，しばらくしてヒル・アンド・ノウルトン社に買収された。

(8) 前掲，p.132
ジョンW・ヒルは，『Publicity』が刊行された2年後の1927年に，クリーブランドでPR会社を設立し，後にヒル・アンド・ノウルトン社を共同設立した。

(9) 前掲，p.301

(10) 前掲，p.163
シュワブに対するリーの助言は,「毎日，今日やるべき仕事をすべて書き出す。それに最も重要なものから順番をつけ，1番目から取り組む。すべて終わらなくても良い。これを毎日繰り返す」というものだった。

(11) 前掲，p.228

(12) 前掲，pp.228-229

(13) カトリップ（1974），p.76

(14) ヒーバート（1966），p.99

(15) チャーナウ（下，2000），p.415

(16) 前掲，p.416

(17) 前掲，p.469

(18) 前掲，pp.552-553

(19) 前掲，pp.558-559

(20) カトリップ（1974），p.77

(21) ポール・アージェンティ他/矢野充彦訳『コーポレート・コミュニケーションの時代』（日本評論社，2004），pp.27-28

(22) ヒーバート（1966），p.339
ヒーバートの調査によれば，リーが執筆した書籍や論文は自費出版を含む8冊。講演録やクライアントの広報キャンペーン向けのパンフレット（小冊子）は，『Publicity』など18冊，寄稿は69本，未出版（未公開）が7本である。まだ未発見の原稿があるかもしれない。

(23) 前掲，pp.154-155

(24) 井之上喬『パブリック リレーションズ第2版』（日本評論社，2015），p.293

(25) エドワード・バーネイズ/中田訳『プロパガンダ（新版）』（成甲書房，2010），p.227

(26) カトリップ（1974），pp.86-87

を与えることはできない」と助言している。
(42) 前掲，p.101
(43) 前掲，pp.101-102
(44) チャーナウ（下，2000），pp.416-417
(45) ヒーバート（1966），p.101
(46) チャーナウ（下，2000），pp.410-413
(47) ヒーバート（1966），p.103
(48) 前掲，pp.105-107
(49) 合衆国労使関係委員会（Commission on Industrial Relations）は，国内産業の労働環境を調査し，関係する労使双方を公聴会で調査する機関。1913年から1915年まで活動し，1916年に報告書を発表して終了した。
(50) ヒーバート（1966），p.104
(51) チャーナウ（下，2000），pp.416-417
(52) 前掲，pp.421-424
ジュニアとマッケンジー・キングはコロラドを訪問し，炭鉱労働者と面会するとき，リーの助言に従って会社経営の商店で2ドルのデニムのオーバーオールを購入し，それを着て炭鉱に入った。
(53) 前掲，p.416

第4章

(1) ヒーバート（1966），p.117
(2) 前掲，p.297
(3) 前掲，p.49
(4) 前掲，p.300-301
(5) テドロウ（1989），p.48
(6) 前掲，pp.50-51
(7) テドロウ（1989），p.124
カール・ボイヤーは1888年アイオワ州の生まれ（リーより11歳年下）で，大学卒業後新聞記者となり，CPIのメンバーとして活躍した。CPI解散後はリー同様に，インターナショナル・パブリック・リレーションズの仕事に係わった。1930年に「カール・ボイヤー・アンド・アソシエイツ」社を設立後，ドイツ・ナチス政権との関与を疑われ，下院非米活動委員会の調査を受けた。このあたりはリーの経歴と重複する。カール・ボイヤー・アンド・アソシエ

(28) チャーナウ（下，2000），pp.466-467

(29) 前掲，p.468

リーは広報エージェントとして独立後，クライアントの記事を含む「Public Relations」と題した新聞サイズのクリッピング・ペーパーを作成し，クライアントはじめ自身のメーリングリスト宛に郵送していた。「Public Relations」は，後に「Information」に名称を変更した。リーは，おそらくロックフェラー家及びシニアに関する掲載記事のクリッピングも作成していたと考えられる。

(30) 前掲，p.468

(31) チャーナウ，『タイタン ロックフェラー帝国を創った男（下）』(2000)，p.395

(32) 前掲，p.400

(33) 前掲，p.401

(34) 前掲，pp.404-405

(35) ロバート・オザーン/伊藤健市訳『アメリカ労使関係の一系譜─マコーミック社とインターナショナル・ハヴェスター社』(関西大学出版部，2002)，p.128

ロックフェラー家とインターナショナル・ハーヴェスター社のオーナーであるマコーミック家は姻戚関係にあった。ラドロー事件後の抗議行動を，社長のマコーミックが目撃しており，その様子を息子のマコーミック三世に「興奮した扇動者がロックフェラーと彼の息子に対して暴力的なスピーチをしていた」と手紙で知らせている。

(36) チャーナウ（下，2000），p.405，Howard Gitelman, *Legacy of the Ludlow Massacre:* A Chapter in American Industrial Relations（University of Pennsylvania Press, 1988），p.23

(37) チャーナウ（下，2000），p.406

(38) チャーナウ（下，2000），p.415

ジュニアは，ブリスベンに「一家のイメージに磨きをかけてくれるような人物を誰か推薦してくれないか」と頼んだ。

(39) 前掲，p.415

(40) 前掲，p.415

(41) 前掲，p.415，ヒーバート（1966），p.97

リーはジュニアに「新聞にいくら広告を出しても，プレス（編集者）に影響

(10) 前掲，p.55
(11) 西川（2013），pp.19-21
ルーズベルト大統領は，ヘップバーン法案のための遊説を精力的に行った。彼は法案に反対する上院の抵抗を阻止すべく，世論に訴えてその圧力を味方にしようとした。彼の遊説は数多くのパブリシティにつながり，それが世論を動かした結果，上下両院で法案が賛成・成立したのである。
(12) ヒーバート（1966），p.56
(13) テドロウ（1989），p.11
テドロウによれば，ニューヨーク・セントラル鉄道は，事故を隠蔽することにしたが，役員会で反対意見は出なかったという。
(14) 前掲，p.11
(15) 猿谷（2001），pp.98-99
ヴァンダービルトは，船舶業をはじめニューヨーク・セントラル鉄道を含むアメリカ東部の鉄道各社を保有する大富豪。息子のウィリアムが「大衆などくそだ」（“Public be damned”）という暴言を吐いたことでも有名。
(16) 前掲，pp.102-103
(17) チャーナウ（下，2000），p.416
(18) ヒーバート（1966），p.109
(19) ロン・チャーナウ/井上広美訳『タイタン ロックフェラー帝国を創った男(上)』（日経BP社，2000），pp.309-313
(20) チャーナウ（下，2000），p.56
(21) 前掲，pp.342-343
(22) 前掲，p.314
(23) 前掲，pp.353-358
(24) ヒーバート（1966），p.114
(25) 前掲，p.114
(26) 第三者からの賞賛や評価によって，自身の成果を認めさせる手法は，現代パブリック・リレーションズでは一般的に実践されている。たとえば，プレスリリースに第三者（顧客，学識経験者，アナリストなど）のコメントを記載するのは，第三者の権威によって発表内容の正当性やその評価を高める目的である。
(27) デイヴィッド・ロックフェラー/楡井浩一訳『ロックフェラー回顧録』（新潮社，2007），p.23

(32) 前掲，p.65
(33) 前掲，p.67
(34) 前掲，p.68
(35) 前掲，p.68，テドロウ（1989），p.205
テドロウは1910年代末から「アイビー・リー以来，マルチ・メディア・アプローチはよく知られるようになった」と指摘している。
(36) 前掲，p.69
(37) 前掲，p.69
(38) 前掲，p.69
(39) 前掲，p.70
(40) 前掲，p.71
(41) 前掲，p.72
(42) 前掲，p.73
(43) 前掲，p.74
(44) 前掲，p.74
(45) 前掲，p.76
(46) 前掲，p.77

第3章

(1) 西川（2013），pp.26-27
(2) ヒーバート（1966），p.47
(3) 前掲，p.47
(4) カトリップ（1974），p.75
カトリップは「アイビー・リーは，あたり前のことをそれがまだ新鮮なうちに書いたのである」とリーの仕事ぶりをこう評価している。
(5) ヒーバート（1966），pp.47-48
(6) 前掲，p.49
(7) カトリップ（1974），p.75
『原則の宣言』について，カトリップは「この声明は，当時としては画期的だったし，こんにちの効果的なプレス関係にも健全な指針となる」と述べている。
(8) 伊吹勇亮他『広報・PR論』（有斐閣，2014），p.15
(9) ヒーバート（1966），p.56

るJ.W.トンプソン社が誕生している。
(15) ヒーバート（1966），pp.42-46
(16) 前掲，pp.39
原文タイトルは*The City for the People: The Best Administration New York Ever Had.*
(17) 前掲，p.43
(18) 前掲，pp.45-46
(19) カトリップ（1974），p.74
カトリップによれば，「リーとパーカーの結びつきは得策でもなく楽しくもなかった」ので，1908年に解散してしまった。30年近い年齢と経験の差，パブリック・リレーションズに対する考え方の違いは最後まで埋めることができなかったと考えられる。
(20) Eric Goldman, *Two-Way Street. The Emergence of the Public Relations Counsel*（1948）
(21) カトリップ（1974），pp.75-76
(22) ヒーバート（1966），p.48
(23) 西川秀和『アメリカ大統領制度史 下巻』（デザインエッグ，2013），pp.21-22
(24) Russel, k. *Understanding Ivy Lee's declaration of principles: U.S. newspaper and magazine coverage of publicity and press agentry, 1865-1904*（2009），p.98
(25) ヒーバート（1966），p.6
(26) 前掲，p.62
(27) 前掲，p.63
(28) 前掲，p.63
当時プリンストン大学の教授だったウッドロー・ウィルソンが，1910年にロンドン・スクール・オブ・エコノミクスで講演した内容にリーが同意したもの。
(29) 前掲，p.62
(30) 前掲，p.64
(31) 前掲，p.64
プレジデント・コミッティの鉄道三社はボルティモア&オハイオ，ニューヨーク・セントラル，ペンシルヴァニアの各社で，いずれも当時のアメリカ鉄道業界のトップ企業である。

(9) 前掲，p.55

(10) 前掲，pp.62-63
19世紀末から20世紀初めにかけて，ウェスティングハウス社とトーマス・A・エジソン・ゼネラル・エレクトリック社は，死刑執行用に開発された電気椅子の電流方式をめぐり，「電流合戦」といわれる激しい宣伝活動を繰り広げた。ウェスティングハウス社は元新聞記者のE・H・ハインリッヒを新聞担当として採用し，新聞社対応を行った。

(11) Harry Perry Robinson, *The Year Book of Railway Literature 1897, Vol.1,* Forgotten Books. (Original work published 1897)
Preface（序文）に，"The object of the publishers of the Year Book of Railway Literature is to put annually into permanent form all papers or addresses on the public relations of railways, appearing or being delivered during the year, which seem to have enduring value."とある（下線筆者）。
http://www.forgottenbooks.com/books/The_Year_Book_of_Railway_Literature_1000192162 2015年12月20日閲覧

(12) ユーウェン（2003），pp.108-28，p112
1904年に，ベル・システム社の広報担当が社長のフレデリック・フィッシュ宛の手紙で「パブリシティ・ビューロー社の仕事は，民衆の関心によく適応していると思われるし，新聞界における当社の足がかりも強固になっている」と評価している。

(13) テドロウ（1989），p.9
シカゴのある記者は，「鉄道広告料金表」の存在を公表して，その取り決めを皮肉っている。その料金は次のとおりである。「社長，総支配人，および取締役の美徳（事実でも嘘でも）の掲載は，最初の1行は2ドル。2行目からは1行につき1ドル。会社の重役についての賛辞は，1行につき1ドル50セント申し受けます。そのまま使える素晴らしい祝辞を用意してございます。」

(14) 白髭武『アメリカマーケティング発達史』（実教出版，1978），pp.84-88
米国初の広告代理店は，1841年にヴォルニー・パルマー（Volney B. Palmer）がフィラデルフィアに開設した新聞広告取扱の事務所だとされている。その後，1842年にジョン・フーパー（John L. Hooper）がニューヨークに開設した事務所で，1850年代に最も活躍した広告代理店はペテンギル社（S.M. Pettengill & Co.）だった。1875年には，現在も大手の一角を占めジョージ・クリールは新聞記者の後，1899年に『インディペンデント（The Independent)』紙の創刊に参画し，本格的なジャーナリストの活動を始める。マックレーカーとしてラドロー虐殺事件に関する記事を『ハーパーズ・マガジン』誌に発表し，ロックフェラー家の利権とリーの広報活動を痛烈に批判している。

第2章

(1) スコット・カトリップ他／松尾光安訳『PRハンドブック』（日刊工業新聞社，1974），p.74

(2) Karen Miller Russell, Carl O. Bishop, *Understanding Ivy Lee's declaration of principles: U.S. newspaper and magazine coverage of publicity and press agentry, 1865-1904*（Public Relations Review 35, 2009），pp.91-101

(3) Sherman Morse, *An Awaking in Wall Street,* American Magazine, September 1906 26, pp.457-463

(4) ヒーバート（1966），p.48

(5)『原則の宣言』発行年に関する筆者の質問に対して，上記論文筆者のラッセル准教授（米ジョージア大学）から次の返信をいただいた。
"Morse's article that quotes Lee's handout was published in 1906, so everyone cites that as the year. However, the article also states that it was handed out during a coal strike. When I looked that up, there was no coal strike in 1906, it was in 1905. So the correct year is 1905. Also please note that Ivy Lee never referred to it as a "Declaration of Principles," that has been added by other people. There is apparently no remaining original copy of the document."（2015年11月25日受信）

(6) Museum of Public Relations, *The First Press Release*（http://www.prmuseum.org/blog/2015/11/2/the-first-press-release），2015年11月2日，2015年11月30日閲覧

(7) カトリップ（1974），pp.46-53

(8) 前掲，pp.54-55
サーカス巡回動物園の名簿には，サーカス団3番目役員として「W・W・デュラン，プレスエージェント」と記載されていた。19世紀後半のサーカスや巡回動物園などの興行には，広報エージェントが同行し，巡回先を先回りして各地の新聞社に開催告知の掲載を交渉していたのである。

(14) 猿谷要編『アメリカ史重要人物101』(新書館，2001)，p.94
(15) アメリカ合衆国憲法 修正第1条(信教・言論・出版・集会の自由，請願権)
「合衆国議会は，国教を樹立，または宗教上の行為を自由に行なうことを禁止する法律，言論または報道の自由を制限する法律，ならびに，市民が平穏に集会しまた苦情の処理を求めて政府に対し請願する権利を侵害する法律を制定してはならない。」(http://www.americancenterjapan.com) 2015年10月1日閲覧
(16) 佐々木隆/大井浩二『史料で読む アメリカ文化史3 産業社会の到来』(東京大学出版会，2006)，pp.358-359
(17) 猿谷要 (2001)，pp.94-95
(18) 佐々木/大井 (2006)，p.359
『ジャーナル』，『ワールド』両紙が作家の引き抜き合戦を演じた漫画の主人公は，黄色い服を着ていたことから「イエロー・ジャーナリズム」と蔑まれるようになった。現代では，発行部数を伸ばすために，事実報道よりも暴露記事や批判記事といった興味本位の記事を売り物にするジャーナリズムのことを指す。
(19) 前掲，p.366
(20) 前掲，pp.367-370
(21) ヒーバート (1966)，p.36
(22) 佐々木/大井 (2006)，pp.373-375
スタンダード石油社の批判記事は，ターベル以前にも数多く掲載されている。そのうち，1881年に『シカゴ・トリビューン』紙の編集長を務めたヘンリー・D. ロイドが『アトランティック・マンスリー』誌に発表した，スタンダード石油社のトラスト形成過程において，同業他社が破滅に追い込まれる過程を書いた記事が，マックレーカーの先駆けといえる。
(23) チャーナウ (2000)，pp.156-162
(24) 前掲，pp.156-162
(25) 有賀貞，他 (1993)，p.129，スチュアート・ユーウェン『PR! 世論捜査の社会史』(平野秀秋，他訳，法政大学出版局，2003)，p.81
暴露記事を書くジャーナリストをマックレーカーと名付けたのは，ルーズベルト大統領である。
(26) 有賀貞，他 pp.130-131
(27) ユーウェン (2003)，pp.138-139

第1章

(1) 有賀貞，他『世界歴史大系 アメリカ史2』（山川出版社，1993），pp.108-111

(2) 有賀貞，他（1993），p.101
1860年から1900年までの40年間に，アメリカの工業投資は約10億ドルから120億ドルに，年工業生産額は19億ドルから110億ドルに達した。

(3) 有賀夏紀『アメリカの20世紀（上）』（中公新書，2002），p.6

(4) 前掲，pp.82-83

(5) 有賀貞，他（1993），p.104

(6) 有賀夏紀（2002），p.125

(7) 有賀貞，他（1993），pp.108-111

(8) 前掲，pp.139-143

(9) 前掲，pp.154-157
ルーズベルト大統領は軍事力を背景とした威圧的な外交政策を行い，「棍棒外交」と呼ばれた。これは「大きな棍棒を携え，穏やかに話す（Speak softly and carry a big stick）」という彼の言葉が由来である。

(10) 有賀夏紀（2002），pp.47-48

(11) 前掲，p.5，ヒーバート（1966），p.25
革新主義とは，「科学的合理的な方法を用いれば，社会の問題を解決し正義が実現できるという，科学万能とも言える考え方」であり，「世紀末のアメリカ社会の混乱状態に，「アメリカの正義」にもとづく秩序をもたらそうとし，社会の組織化を図った」（有賀）。

(12) カトリップ『体系パブリック・リレーションズ 9th edition』（ピアソン・エデュケーション，2008），pp.121～125
時系列に整理すると，米国初のPR会社は1900年にボストンで誕生したパブリシティ・ビューロー社。2番目はスミス&ウォルマー社（1902年），以降パーカー&リー社（1904年），ハミルトン・ライト・オーガニゼーション社（1908年），ペンドルトン・ダッドレイ・アンド・アソシエイツ社（1910年）と続き，エドワード・バーネイズのPR会社はアメリカで9番目だった。

(13) 武市英雄「アメリカの新聞創刊300年」（上智大学『ソフィア』39（4），1990），p.659
アメリカの初の新聞は，1690年にテオフラスト・ルノドーがボストンで創刊した『パブリック・オカレンスィズ』紙である。

(注記)

序章

(1) レイ・ヒーバート(Ray E. Hiebert), *Courtier to The Crowd*(1966), pp.1-39

(2) リチャード·S·テドロウ/三浦恵次監訳『アメリカ企業イメージ―企業とPR, 1900年~1950年―』(雄松堂出版, 1989), p.13
テドロウによれば, 初期の広報エージェントの多くがリーと同じく牧師の息子であった。それは, 広告やパブリック・リレーションズが「説教の世俗的な類似物である」からではないかと指摘している。

(3) エドワード・バーネイズ/中田安彦訳『プロパガンダ(新版)』(成甲書房, 2010), p.14

(4) 前掲, pp.15-16

(5) ヒーバート(1966), p.32

(6) 前掲, p.33

(7) 前掲, p.37, 猿谷要編『アメリカ史重要人物101』(新書館, 2001) pp.122-123

(8) ヒーバート(1966), pp.33-34

(9) 前掲, p.32

(10) 前掲, p.42

(11) 前掲, p.43

(12) 前掲, pp.44-45
ジョージ・パーカーとリーは, ニューヨーク州判事のセス・ローのニューヨーク市長選挙戦の選挙対策本部で一緒になり, パーカー&リー社を設立することになった。

(13) ロン・チャーナウ『タイタン ロックフェラー帝国を創った男(下)』(日経BP社, 2000), p.415

(14) ヒーバート(1966), p.310

(15) ヒーバート, *Courtier to the Crowd*(1966)で紹介されているクライアント事例を時系列で整理したものである。

(16) https://www.britannica.com, 2015年12月20日閲覧
1941年7月1日に, 米NBCとCBSがテレビ本放送を開始した。

【著者略歴】

河西　仁（かさい ひとし）

1960年生
長野県諏訪市出身

東京都立大学経済学部経済学科卒
東京経済大学大学院コミュニケーション学研究科修士課程修了（コミュニケーション学）

日本パブリックリレーションズ協会認定PRプランナー（登録番号：第00279号）

日本広報学会会員

米IABC（International Association of Business Communications）会員

外資系メーカーの国内広報宣伝部門責任者を経て，広報コンサルタントとして独立。以来，延べ100社以上の外資系IT企業をはじめ，ITベンチャー，大手上場企業各社の広報業務の企画実践に関するコンサルティング業務に従事。

連絡先：kasai@miacis.com

2016年10月30日　初版第１刷発行

アイビー・リー
―世界初の広報・PR業務―

著　者Ⓒ河　西　　仁
発行者　脇　坂　康　弘

発行所　株式会社　同友館
〒113-0033 東京都文京区本郷 3-38-1
TEL.03(3813)3966
FAX.03(3818)2774
http://www.doyukan.co.jp/

落丁・乱丁本はお取り替えいたします。
ISBN 978-4-496-05242-2
三美印刷／松村製本所
Printed in Japan